基础规范的基础

凯尔森基础规范学说批判

国家理性文丛

周林刚 著

法律出版社
LAW PRESS · CHINA

周林刚

法学博士，华东师范大学政治学系讲师、华东师范大学世界政治研究中心研究员。

目　录

序　言

差不多从十年前开始，我关注的重心就向中国宪法理论问题偏移了，并且持续至今。我从来没有想过，要把自己这篇有关凯尔森的青涩作品，作为自己的第一部著作，公诸于世。从某种程度上讲，我觉得它是不值得出版的。然而，时势所迫，无奈为之，只好露拙了。

不过，对于我在文中据以批判凯尔森基础规范学说的核心理由，我至今仍然是坚持的。并且我仍然认为，这个理由具有决定性的分量。奠立在基础规范基础上的规范等级体系，仅仅依托基础规范的思想，会出现等级倒转的效果。我当时受到卡尔·施米特的影响，把问题指向了所谓的“终局性”。然而，若要更加简明地概括我的意图，或许可以这样说：不存在纯粹的授权规范这回事。规范等级体系恰恰需要某种“社会学”的因素，才能够成立。一部具有最高法律效力的宪法，如果不考虑任何社会学的因素——也就是不考虑任何权力的分配和组织机制——那么，它是不可能先天地呈现它的最高效力的。任何高级规范，对于违反它的下位阶规范，如果没有实际的纠正机制，而放任自流，以致必须根据下位阶的实际内容，重新解释这个高级规范，那么，与其说是高级规范决定了下位阶的规范，不如反过来说，是下位阶的规范决定了高级规范。换句话讲，规范等级体系，必须包含经验的成分，而不可能由先验的成分单独支撑。凯尔森区别了等级体系的静态成分和动态成分，并且也意识到了两种成分之间可能产生的冲突，那个先验的成分——如果可以这么说的话——只能支撑动态体系，并不能支撑静态体系；但他却以一种牺牲静态成分的方式去解决这个问题。

上述批判意识，连同我后来对宪法理论的关注，都跟另外一个更为一般的理论意识有关。无论是从法律思想史的角度看，还是从实证法系统的运作机制看，实证法的中心问题，与其说是实证性，不如说是实证化。因为，实证法是通过实证化的机制才现实地拥有其实证性的；它是实证性的生产和再生产。只有用“实证化”这样一种过程性的或动态性的说法，才能表达出法律体系内部某种“除不尽的余数”，而这个“除不尽的余数”其实又是一个体系内部与外部区分的临界面。我还没有机会阐明这个“除不尽的余数”的问题，但在不同的时期也曾以零散地方式有所涉及。最初转向宪法理论之时，引起我兴趣的一个宪法思想史现象便是，自然法与实证法的二元论在如美国宪法这样的实证法形式中，合二为一了。但这种一元化的历史方案，与其说解决掉了自然法，倒不如说是把外在的超越变成了内在的超越。更不用说，在宪法理论中，始终都存在对抗合法性一元论的竞争思想。我在本书中附录了五篇相关的文章。它们分别从程序、伦理和政治三个层面，探讨了构成实证化这个过程的不同场景。这些探讨从法律体系内部，特别是基本权利自身内部的再度等级化（实际上也就是自我分化），逐渐进展到法律世界与非法律世界之间的那个“莫比乌斯曲线”。这种像是自动机制一样的自我分化和等级化现象，正表现了那个“除不尽的余数”，并成为实证化的前提。

在这样的思考框架下，本书第一部分所说的“终局性”构成了一种转换中介或“中继站”。但更严格地说，正当性、终局性和合法性三者是互为中介的，从而也是彼此牵制和互相驯化的。一种具体的法律概念将会是这三个要素的历史状态，甚至是更为具体的时间中的状态。也因此，法律概念的理论应当内在地包含时间要素。法学总是具体的时代诊断。

最后有一点附带的说明。由于部分参考文献在行文中会反复和密集地出现，为了简明起见，在这类文献每章第一次出现之后的引注中，将不再标注完整的出版信息。

第一部分

凯尔森基础规范学说批判

第一章 引论:实在法的基本现象与基础规范学说

凯尔森对基础规范学说的阐发,包含了他对实在法(positive law)基本现象的观察。但是初看起来,这些现象与纯粹法学不在同一个层面。例如,人们通常会说,按照纯粹法学,以下所谓法律现象,无非是个社会学层面的问题,而纯粹法学恰好是排除了社会学因素的规范世界。但应该认识到,纯粹法学通过“减法”所达到的成就,正是它自诩的那种解释力。所以,从某种社会学层面的基本现象出发来思考基础规范学说仍然是合理的。要而言之,实在法的基本现象是指,法律指引行为,又结束冲突、了结争议,必要之时,它便通过暴力,实现自己的判断。因而,法律既是常态中的常规,又是常规状态的创造者。

一方面,法律之结束冲突与争议,以事先确定的某种规范作为前提;似乎存在一条严格的合法性(legality)链条,如标尺一般,为各种法律行为定下规矩,划定方圆。作为实在法,法律一般显现为已经被安置好的、确定下来的(posited)①规范,任何法律行为必须以之作为前提和基础。规范总是意味着某种定型与限制。因此,凯尔森认为,法律

---

① “posited”含有“已被命令”(ordered)、“已被决定”(decided)、“已被践行”(practiced)、“得到忍受”(tolerated)等诸多的意思。See Leslie Green,“Legal Positivism”, *Stanford Encyclopedia of Philosophy*, http://plato.stanford.edu/entries/lega-positivism/,最后访问日期:2006年2月19日。

只是诸种社会秩序之一,[①]"人只是在某种特定的行为或不行为方面才从属法律秩序;至少所有其他的行为或不行为方面,他与法律秩序就毫无关系"。[②] 从这个角度看,作为规范的法律,在本性上具有自我限制的倾向;即便某一特定的法律秩序规定了所有的社会生活内容,它也因为其作为既定的规范的性格而成为事先限定了的事物。

另一方面,实在法为人所造,亦为人所修改或者废弃。因此,法律内部必有某种等级结构,允许以合法的方式来改变既定的法律规范。易言之,实在法应当能够以合法性打破合法性。

最终,凯尔森承认,上述两个方面,仍然不是实在法基本现象的全部蕴含。即便法律规范事实上只对有限的社会生活领域作出规定,实质上却根本不存在不为法律所规定的内容。所谓"天网恢恢,疏而不漏","法律之外"的事项本质上已被法律"消极地"规定了。[③] 不过问题的要害还不在此。一个在内容上甚至在程序上"违法的"决定,不论是违宪的立法还是违法的行政规章,无论是违法的行政决定还是违法的法院判决,只要已经最终作出,即属有效。[④] 法律乃是米达斯王的点金术:"凡由法律所指的每一事物,也都变成法律。"[⑤]没有哪条规范能保证,依据实在法是合法的事情或者实在法没有积极予以规定的事项,在某一天不被法律判断为非法,并把从事它的人投进监狱,甚至剥夺他的生命。[⑥] 从这个角度看,法律总能突破自己的规范限制,而这种

---

① 参见[奥]凯尔森:《法与国家的一般理论》,沈宗灵译,中国大百科全书出版社 1996 年版,第 3 页:"法是人的行为的一种秩序(order)。"

② [奥]凯尔森:《法与国家的一般理论》,第 107 页。

③ 参见[奥]凯尔森:《法与国家的一般理论》,第 301 页。

④ 关于"既判事件"的问题,参见[奥]凯尔森:《法与国家的一般理论》,第 174 页:"……这一过程不能无限期地继续下去;它必须有一个结束,因为当事人之间的争端必须有一个结束。必须有一个有权作出争端的最后判决的终审法院,有一个其判决不再能被废除或变更的权威者。由于这一判决,该案就成了 res judicata(已判事件)。"所以凯尔森同样意识到终局性问题,只是他以他的方法论,将其予以压制,否定其作为一个法律问题的资格。

⑤ [奥]凯尔森:《法与国家的一般理论》,第 182 页。米达斯,古希腊国王,神赐其点物成金的法术。凯尔森在论证"绝对无效的法律"并不存在的时候,援引了这个典故。

⑥ 法律可能成为"一纸具文"。如果我们容易怀疑好的法律规范得不到贯彻执行,那么,是否能够通过一些更好的法律规范来予以救治呢?

突破、这种“违法”，能够转化成“有效”。“非法性”可以打破既定的合法性。因此，原则上讲，法律并不受自身的限制。这就出现了一个基本的悖论：法律作为规范天生有限，但它总能打破规范，成为无限。照此说来，对法律的研究，应当具有一种优先地位，法律理论也就应当成为人文科学①之中的第一学科。因为无限的、潜在地网罗所有事物的事物，必定关乎人世之中最重要的那些部分。

解释上述颇为矛盾的基本现象，即是基础规范学说的目标。它将法律等同于实在法规范，②并且认为上述三方面的现象，皆可经由对实在法规范的分析而获得解说，其中的所谓悖论将被这一规范论消弭。根据凯尔森的“实证主义”原则，这一分析决不从实在法的经验材料之外引进任何新因素；分析的结果，归结起来便是作为效力之源并且几乎不可能被违反的基础规范。基础规范学说的全部主张，一言以蔽

---

① 凯尔森不同意将人文科学作为“精神”科学与自然科学对举。与“自然”相对的是“规范”，而不是“精神”。所以，“是”与“应当”、“现实的”(real)与“观念的”(ideal)、“自然科学”与“规范科学”之间的分立是凯尔森的基本方法论立场。See Hans Kelsen, *Introduction to the Problems of Legal Theory*, trans. by Bonnie Litschewski Paulson and Stanley L. Paulson, Oxford: Clarendon Press, 1992, “Appendix I: Supplementary Notes”, pp. 130 - 131.

② “只有法律规范才能成为法学认识的对象——这个命题实是一个同义反复，因为法律这一法学认识的唯一对象就是规范……” See Hans Kelsen, *Introduction to the Problems of Legal Theory*, p. 11. 比较：“人们甚至可以毫不夸张地说，解释法律的规范性质乃是凯尔森理论的唯一目标……” See Brian Bix, *Jurisprudence: Theory and Context*, London: Sweet & Maxwell, 1996, p. 56. 凯尔森在术语上似乎遇到一个难题。他在行文中一般都使用“规范”(norm)一词，不过他提醒人们注意，法律科学这种规范科学是叙述性的(哈特起初表示对此无法理解，后来则想到了一个例子来解释这个表面上的悖论，参见[英]哈特：《凯尔森之会》，载哈特：《法理学与哲学论文集》，支振峰译，法律出版社 2005 年版，第 308 ~ 310 页)，所以凯尔森提醒人们，不能将法律科学的表述与法律权威创造的规范混淆，他建议把前者称为“规则”(rule)，参见[奥]凯尔森：《法与国家的一般理论》，第 48 页以下。(不过，“规则”一词又不理想，因为它所具有的一般性，会使人们忽视个别规范的存在，参见[奥]凯尔森：《法与国家的一般理论》，第 40 ~ 41 页。)这个问题并不十分困难，只要我们留心，当凯尔森讲“规范”的时候，并不是在讲动机、意图等心理学意义上的“规范观念”，这些心理学的成分因为被认为是主观的，而不属于纯粹法学的对象。法律权威创制的规范是“规定性的”(prescriptive)，这一“规定性”就是这里所谓的主观的、心理学的现象。关于规范与规范观念的区别这个主题，可以参见[奥]凯尔森：《法与国家的一般理论》，第 43、46、198 ~ 199、410 页；以及[奥]凯尔森：《自然法学说与法律实证主义》，沃尔夫冈·赫伯特·克劳斯英译，沈宗灵中译，载[奥]凯尔森：《法与国家的一般理论》，第 416 ~ 417 页。关于主观意义与客观意义的论题，参见 Kelsen, *Pure Theory of Law*, trans. by Max Knight, Berkeley, Los Angeles, London: University of California Press, 1967, pp. 7 - 8。

之:不可能将“非法”归于法律秩序。[①] 有效性只能出自合法性;不可能也不需要从超越实在法规范体系的事物,如某种“非法性”或正当性或国家理由等识形态诉求,得出有效性。也就是说,抛弃法学上法与法律、正当性与合法性的二元论,一种有关纯粹合法性的规范理论,照样能够运转自如,能够对实在法作出科学的说明。

然而,基础规范学说关于“不可能将‘非法’归于法律秩序”的论断,是以引入终局性观念为根据的。[②] 但终局性对于纯粹的规范理论来说,却是一个十足的异质因素。它的真正效果,恰在于破除纯粹法学法律一元论的平面化操作。因而该学说实际的运作反倒成为对终局性的压制,并且最终将其整个地排除在法学的恰当范围之外。

本书的命意所在,就是要确证基础规范学说在解释实在法基本现象的过程中所内含的这一困境,辨明终局性观念对于“法律”概念的重要性,进而重申法与法律或正当性与合法性的二元论(第七、八章)。为此,本书试图发展一种概念的政治学,在概述基础规范学说的基本内涵及其理论前提(第二章)之后,针对该学说在内容上的铺陈与展开,进行批判(第三、四、五章)。这一批判将把我们引向凯尔森所偏离的法律实证主义古典传统。该思想史传统的内核及其思维方式的特殊之处,就在于它所把握的终局性观念(第六章)。

① 国家不可能行“非法”,因为国家就是法律。这是《上帝与国家》一文所要主张的核心论点。凯尔森以下述论断结束全文:“所有法律皆是国家—法,因为,所有国家都是法治国。”参见[奥]凯尔森:《上帝与国家》,林国荣译,田立年校,载刘小枫选编:《施米特与政治法学》,上海三联书店 2002 年版,第 327 页。另请参见[奥]凯尔森:《法与国家的一般理论》,第 224、393、394 页。

② 参见下文第三章第二部分。

第二章　基础规范学说的基本内涵及其前提

论者常从基础规范的性质及其对于法律思维的必要性,[①]或者从基础规范在法律体系之中的功能等角度入手,[②]讨论基础规范学说的长短得失。概念政治学主要着眼于基础规范规定的内容,虽然它实际上,并且也有必要同时涉及其他的方面。

基础规范学说首先需要构建自己的特定对象,即“作为规范的法律”以及“作为特殊意义的规范”,以便使基础规范成为法律思维的必然需要。就此而言,基础规范学说的实质内涵,本早已包含在这些关系到认识对象之前提性的理论设置之中。概念政治学即旨在追踪、辨认并确定科学理论在推敲其基本概念或范畴的过程中作出非科学决断或选择的时刻,并追究它们的种种理论后果。原因在于,作为科学体系,基础规范学说实际上是,而且也必然需要由对基本法律概念,也就是对法学自身的对象所作的若干非此即彼的选择或

① See e. g. Stanley L. Paulson, “Introduction”, in Hans Kelsen, *Introduction to the Problems of Legal Theory*, trans. by Bonnie Litschewski Paulson and Stanley L. Paulson, Oxford: Clarendon Press, 1992. 凯尔森自己在集中论述“基础规范”观念的时候,也把注意力集中在这个方面。See Hans Kelsen, “ON the Basic Norm”, *California Law Review*, Vol. 47 (1959), pp. 107 – 110.

② 拉兹就是围绕基础规范履行的两项功能(解释法律效力的来源以及法律体系统一性的标准),展开对基础规范学说的阐释与批评的。参见[英]约瑟夫·拉兹:《法律的权威》,朱峰译,法律出版社 2005 年版,第 105 ~ 127 页。

决断串连而成,[①]而此种选择或决断并不在凯尔森意义上的“科学”范围之内。

一、基础规范学说的基本内涵

基础规范学说的基本内涵,概言之,法律乃一种“秩序”,是由诸多的规范构成的一个体系;[②]作为纯粹对实在法规范进行分析的法律理论,必然预设了某种非实在的规范,即基础规范:它是法律规范有效性的终极理由,也是法律体系统一性的唯一根据,并且是法律概念(强制性)的设定者。[③] 所以,基础规范实际上是规范理论诸要素的全部:法律的概念,以及法律特有的、用来组织其有效性的合法性逻辑,换言之,作为存在者的法律及其存在方式问题,一并由基础规范予以规定——整个法律体系实质上可以压缩为一条基础规范。[④]

但“基础规范”本身的具体所指,并非确定无疑。有时,在国内法的层面上,凯尔森明确地将具体法律秩序的宪法称为它的基础规范。宪法无疑是实在法,这似乎意味着基础规范不同于宪法。如果基础规范就是宪法,那就无异于说,基础规范既是实在法,又不是实在法。但根据凯尔森的观点,正确的说法应该是,实在法既有实在性的一面,又有不属于实在性的一面。追溯实在法效力来源的过程在“历史上第一个宪法”的位置终止。[⑤] “历史上第一个宪法”的规范性“是被预定的,这种预定的公式表示就是这一法律秩序的基础规范”。[⑥] 凯尔森解释

---

① 关于其中的“必然性”,可以参见[德]马丁·海德格尔:《科学与沉思》,载《演讲与论文集》,孙周兴译,生活·读书·新知三联书店2005年版,第61页。

② 参见[奥]凯尔森:《法与国家的一般理论》,沈宗灵译,中国大百科全书出版社1996年版,第3页。

③ 参见[奥]凯尔森:《自然法学说与法律实证主义》,沃尔夫冈·赫伯特·克劳斯英译,沈宗灵中译,载[奥]凯尔森:《法与国家的一般理论》,第443页。所以,尽管基础规范问题在凯尔森成熟的理论体系当中,要到“动态法”的部分才出现,但基础规范同样也是“静态法”部分所包含的前提。

④ 参见[奥]凯尔森:《自然法学说与法律实证主义》,载[奥]凯尔森:《法与国家的一般理论》,第444页:“两种规范体系可以压缩为两个不同的基础规范。”

⑤ 参见[奥]凯尔森:《法与国家的一般理论》,第130~131页。

⑥ [奥]凯尔森:《法与国家的一般理论》,第132页。

说,纯粹实在法的观念具有局限性:“历史上的”第一个“造法行为”没有可资运用的另一条实在法来赋予其效力,在实在法的范围内,它是一个纯事实,甚至是一个违法行为,如革命或者政变。[1] 于是,纯粹法学认为,唯有假设性的(hypothetical)基础规范才使它披上规范性的外衣。[2] 从这个意义上说,作为基础规范的宪法的具体内容取决于某一特定的事实,[3]并且基础规范总是“特有的基础规范”,[4]也就是特定法律共同体的宪法,这是宪法实在性的一面;但就宪法的规范性一面言之,宪法的效力是被法学认识所预定的(presupposed),基础规范的说法只是将“预定”这一“法学思想的中立活动”[5]以特定的公式予以表达,所以基础规范只是宪法被预定的法律意义。一个实在法体系的基础规范就是作为规范的宪法。既然“实证主义并不超越这一起初的宪法之外而去制造一个法律秩序的实质的和绝对的根据”,它“就在那一点停止”。[6] 实在法是一个具有内容的规范体系,它的实在性在宪法的层次上已经终止。说宪法是实在法,这是针对它的实在性,也就是它的具体历史内容的人为性质而言的;但就其作为规范而言,它的成立却不由历史上的某个立法者的意志这种实在性因素决定。一般说来,任何实在法规范都同时具有实在性与非实在性(规范性),[7]唯有

① 参见[奥]凯尔森:《自然法学说与法律实证主义》,载[奥]凯尔森:《法与国家的一般理论》,第437~438页。

② “基础规范是一个不可缺少的推定,因为没有它,基本历史事件的规范性也就不能成立。”参见[奥]凯尔森:《自然法学说与法律实证主义》,载[奥]凯尔森:《法与国家的一般理论》,第432页。比较康德的说法:“因此人们可以设想仅仅包含实在法的外在立法;但在这种情况下,一条设立立法者之权威(将其单纯的选择确立为约束他人的权威)的自然法也必须预先存在。”See Kant, *The Metaphysics of Morals*, trans. by Mary Gregor, Cambridge University Press, 1996, p. 17.

③ 参见[奥]凯尔森:《法与国家的一般理论》,第136页。

④ 参见[奥]凯尔森:《法与国家的一般理论》,第134页。

⑤ 这个说法转自[德]卡尔·施米特:《政治的神学:主权学说四论》,载[德]卡尔·施米特:《政治的概念》,刘宗坤等译,上海人民出版社2004年版,第14页。

⑥ 参见[奥]凯尔森:《自然法学说与法律实证主义》,载[奥]凯尔森:《法与国家的一般理论》,第432页。

⑦ “法律同时体现为‘应当’和‘是’,而在逻辑上,这两个范畴是相互排斥的。”参见[奥]凯尔森:《自然法学说与法律实证主义》,载[奥]凯尔森:《法与国家的一般理论》,第429页。

如此,“实在—法”这个术语才不是一个矛盾,也不会是一个反复。基础规范的非实在性,恰恰表明,法律的规范性,或者“法律应当得到遵守”这一义务并非人为,更非任意——用自然法的说法,它是符合自然的;用凯尔森的说法,它是法学逻辑的前提。

但有时,“基础规范”又有超出宪法的意义。① 其一,基础规范设定了比实在宪法更“多”的内容。“后法胜前法”“高级规范优于低级规范”这些内容即使未被明文规定,也为基础规范所设定。其理由是,法学作为认识,必须排除矛盾,以便将经验材料整理成一个有意义的统一整体。② 其二,基础规范事实上表达了宪法获得效力的具体标准。如果说法律秩序的实效(efficacy)是其效力(validity)的条件,那就意味着基础规范规定,唯有大体上获得实效,宪法才是有效的。即使不考虑国际法,单就国内法而言,总是必须有一条判别何为法律的标准。效力作为法律后果,只有在基础规范设定的构成要件(实效)被满足的时候,才归诸宪法③——与此同理,不法行为乃是制裁的条件。因此,

---

① 斯通与哈特指出基础规范学说存在暧昧不明的缺点是有道理的。哈特认为,从某种意义上说,基础规范是一条规范,它总是具有相同的内容,例如,应当像宪法规定的那样行为;而如果宪法就是被假定的有效性标准,那么这样一条规范就是不必要的重复(并且我们也可以说,基础规范不是一条,而是一组规范)。参见[英]哈特:《法律的概念》,张文显等译,中国大百科全书出版社 1996 年版,第 257 页。斯通则问道:凯尔森的基础规范公式究竟具有什么样的重要意义?它是想表达法律秩序的一条统一的规范呢(例如,“法律意义上的宪法应当被遵守”)(这里我们将其称为“第一个版本”),还是仅仅想表达一个有待不同的法律秩序来予以填充的框架呢?See Julius Stone,“Mystery and Mystique in the Basic Norm”,*The Modern Law Review*,Vol. 26 (1963),p. 46.(尽管羼杂着一些误解,斯通的评论仍然是很有见地的,颇值一读。)不过,这种模棱两可的性质,并不影响对本书论题的考察,我们将把不同的可能意义都考虑在内,因为基础规范学说在任何一种可能的意义上都存在基本的缺陷。

② 参见[奥]凯尔森:《自然法学说与法律实证主义》,载[奥]凯尔森:《法与国家的一般理论》,第438~439页。凯尔森强调说,基础规范是简单分析实际的法学陈述的结果。因而,基础规范只对法学来说是必要的,与实在法倒似乎没有什么关系。参见[奥]凯尔森:《法与国家的一般理论》,第 132 页。

③ 哈特在完全不同的意义上主张实效是效力的条件。对哈特来说,这是一个语言学的问题,因为一个陈述若要具有真或假的意义,唯有陈述的对象存在之时才是可能的。See p. M. S. Hacker,“Hart's Philosophy of Law”,in p. M. S. Hacker and J. Raz eds.,*Law*,*Morality and Society*:*Essays in Honour of H. L. A. Hart*, Oxford:Clarendon Press,1977 (reprinted in 1979),pp. 6 –7.

真正被推定的,不是宪法的法律性质,而是实效性原则。①

根据以上的分析可知,基础规范既指宪法被推定的法律性质(第一种意义),又是宪法取得效力的更高的标准,②并且还包括了特定的思维法则(第二种意义)。

二、基础规范学说的前提

基础规范学说依赖两个前提:唯有当法律被等同于规范,而规范有其自足的领域之时,才需要为规范体系预置一个不同于现实的基础,也就是基础规范。否则的话,规范体系的最终根据,就会像任何化约论者的主张一样,被还原成某个事实,而非某条最终的规范。因而,基础规范乃是一系列基本二分法的产物。诸如"是"与"应当"的二分、实在性与规范性的二分,以及实效与效力之间的二分,等等。后一系列的世界,或者说规范的世界,具有自己特殊的意义,并遵循它自己特有的逻辑。

"应当"不同于"是"。后者是自然科学用来陈述其对象的特殊方案。有关"是"的描述听命于现实,因为自然科学研究的就是这种现实;假如现实表现出与自然科学的描述不同的状况,那么自然科学就必须修正自己:自然科学反映自然现实。相反,假如处于自然现实中的人的行为"违反"了规范,表现出与"应当"所设定的情形相反的状况,关于"应当"的描述则并不是错误的;"错误的"是现实:在此,现实与法律科学之间的关系是,现实反映"应当"。③ 这并不是说,法学思

① "如果只考察国内法而不管国际法,那么,国内法效力的最终理由就是将'宪法缔造者'当作创造法律权威的一个假设性规范。然而如果将国际法也考虑在内,那么,我们就发现这一假设性规范可以从国际法律秩序的一个实在规范:实效性中得来。"参见[奥]凯尔森:《法与国家的一般理论》,第402页。如果这里只存在推定与实在法之间的区别,那么前一个推定的内容,就是实效原则。再者,凯尔森所指认的国际法的基础规范,实质上同样是实效原则,这条规范就是:"各国应当像它们习惯地行为那样行为。"参见[奥]凯尔森:《法与国家的一般理论》,第404页。

② 实效标准也不是没有疑问的,我们可以拿在我国台湾地区施行的"中华民国宪法"的例子来检测它的所谓的科学上的中立性质。

③ 参见[奥]凯尔森:《共产主义的法律理论》,王名扬译,中国法制出版社2004年版,第20~21页。

想旨在指导人世生活,[①]尽管凯尔森有时也提到“法律指向现实因而监督现实”。[②] 唯有同属一个现实的范畴,两个世界才能相互作用,才能构成那种“指导”与“被指导”的关系。法律规范的世界只是以自己的标准——归责(imputation)关系——赋予现实以独特的意义,而现实则以另外一种法则——因果法则——顾自运行。两者并不存在相互作用的关系。[③] 不是规范与现实在相互作用,而是行为人持有的规范观念这种处在事实领域的可能动机,遵循因果法则与现实发生着交换关系。至于竟然有可能会产生规范观念这个问题,就完全不在法学的范围之内了。[④] 在纯粹法学看来,现实反映应当的意思是,行为—现实的法律意义不由行为—现实产生,也不由行为人主观持有的观念产生,而是被

---

① 比较:“不过,凡此种种都未能切中肯綮,因为这种观点把理性主义与自然科学思维等同起来,从而忽略了一个事实:天主教的论证乃基于一种特殊的思维模式,其证明方法是一种独特的法学家逻辑,其关注焦点是对人的社会生活进行规范指导。”[德]卡尔·施米特:《罗马天主教与政治形式》,刘锋译,载卡尔·施米特:《政治的概念》,刘宗坤等译,上海人民出版社2004年版,第56页。凯尔森恪守理论与实践的区别,故而作为科学的法学在凯尔森那里完全不是一门实践的学问,因为凡是科学,总“如自然科学家一样,是作为局外人来观察其科学的对象,并且把他所看到的东西公正地记录下来,好像他的研究对象和他自己毫无关系似的”。相反实践或者行动“是实际政治的核心”。为了保存科学的客观性,就必须把科学和实际政治分开。参见[奥]凯尔森:《布尔什维主义的政治理论——一个批判的分析》,吴恩裕译,商务印书馆1962年版,第9页。

② [奥]凯尔森:《法与国家的一般理论》,第137页。

③ 当然,两者存在意义上的相关性,但即使这种相关性,也是单单从实践的角度来界定的。从凯尔森关于自然与规范之间的“关系”的看法中,可以总结出下表作为说明:

自然(因果性、是)	规范(归责、“应当”)
必然不	无意义
不必然	有意义
必　然	无意义

规定一种必然会发生的行为为“应当”毫无意义;规定一种必然不会(不可能)发生的行为为“应当”也毫无意义。不必然的领域并非是说在其中,人的行为不受自然法则的约束,或存在独立于自然法则的要素;而是说,由于作用于行为人身上的决定因素非常复杂,不同的人处于不同环境之下,具有不同的原因组合,所以并不总能产生相同的、被规范所规定的那类行为模式。See Hans Kelsen, *Pure Theory of Law*, trans. by Max Knight, Berkeley, Los Angeles, London: University of California Press, 1967, pp. 93–95.

④ “现象的法律性质不是用感观可以感觉到的……一个一般归责的观念到底如何出现是我们这里并不必须要回答的问题。”参见[奥]凯尔森:《法与国家的一般理论》,第89页。

独立于现实的客观意义外在地赋予。[①] 所以，虽然科学本能地追求统一性，[②]但两个意义世界彼此却因为科学的理由而保持分裂。[③]

作为自主的客观意义，法律的“应当”表示制裁的条件与制裁之间的特定逻辑联系，即制裁作为结果，被赋予某些行为。[④] 这就是所谓的“归责”（imputation）观念。[⑤] 不论凯尔森本人以何种理论基础来论证“归责”概念的成立，[⑥]紧要之处在于，“应当”或者说“归责”并非看得

① 如果两个世界之间果真能够存在某种相互作用的关系，那就无法维持两者的分离关系。这个论据是哈贝马斯在批判卡尔·波普尔的三个世界理论时所提出来的。波普尔的“世界3”是一个不受心理活动和心理状况干扰，也不受兴趣影响的“客观思想世界”，但却与世界2（意识或精神状况）处于直接的交换关系之中，而世界1（物理世界）则需要通过世界2的中介与世界3发生联系。参见［德］尤尔根·哈贝马斯：《交往行为理论》（第1卷），曹卫东译，上海人民出版社2004年版，第75～78页。凯尔森的“规范”与波普尔的“世界3”之间具有亲缘性。

② 参见［奥］凯尔森：《上帝与国家》，刘国荣译，载刘小枫选编：《施米特与政治法学》，上海三联书店2002年版，第315、318页；See Hans Kelsen, *Introduction to the Problems of Legal Theory*, trans. by Bonnie Litschewski Paulson and Stanley L. Paulson, Oxford: Clarendon Press, 1992, pp. 111－112.

③ 对事实与价值或曰是与应当这一二分法的批评，参见［美］希拉里·普特南：《事实与价值二分法的崩溃》，应奇译，东方出版社2006年版。作者反对的是事实与价值的二分法，但并不否定两者存在着区别。该批评的要点在于，存在这一二分法的例外，其关键证据就在于“混杂的伦理概念”。所以“崩溃”的仅仅是“二分法”的简单化。

④ 参见［奥］凯尔森：《共产主义的法律理论》，第19页；See Hans Kelsen, *Introduction to the Problems of Legal Theory*, pp. 23－24.

⑤ 除去这一“外部归责”（peripheral imputation）的概念，还存在“中心归责”（central imputation）概念。前者即指文中提到的将制裁作为后果归属给某些行为；后者指将某一行为事实归属于某个法律上的人格，如法人。See Hans Kelsen, *Introduction to the Problems of Legal Theory*, pp. 23, 50－51. 英译者所编写的“附录一”颠倒了两个归责概念。See Hans Kelsen, *Introduction to the Problems of Legal Theory*, pp. 134－135.

⑥ 凯尔森起初追随康德的先验哲学，将“归责”视为思维的范畴，就如“因果”范畴在自然科学中的地位一样，“归责”关系构成法学的前提。“归责”作为范畴，不可归约（irreducible）：思维至此已经不能再往下分解，它必须就此打住。因为范畴不是证明的对象，而是思维的条件。See generally Hans Kelsen, *Introduction to the Problems of Legal Theory*, Chapter Ⅲ. 但这一理论策略是不成功的。凯尔森的逻辑是，法学陈述的对象是规范，所以，若非预设“应当”这一范畴的存在，这种思维就是不可能的；因此“应当”就是被预定的。See Stanley L. Paulson, “Introduction”, in Hans Kelsen, *Introduction to the Problems of Legal Theory*, p. xxxiv. 然而，很明显，凯尔森是在循环论证。他首先假定法律是一个规范体系，然后证明“应当”范畴成立；但恰恰只有在“应当”范畴成立之后，才有可能将法律视为一个规范的体系。假如“应当”只是一个虚构，那规范就只是骗人的把戏了。See generally Stanley L. Paulson, “Introduction”, in Hans Kelsen, *Introduction to the Problems of Legal Theory*. 斯坦利·保罗森在其为凯尔森第一版《纯粹法学》的英译本所撰写的这篇“导言”中，比较了康德在论证因果范畴时所运用的论证过程与凯尔森在证明归责范畴时所运用的论证过程之间的差别。保罗森证明，康德的先验论据比凯尔森对先验论据的模仿，更有说服力。

见摸得着的事物，它只是某种特定的意义。“法律之为规范”无非就是指，法律乃是一套解释方案，是特定的意义，不可感知而只能被思维。①既是思维的对象，它就必定符合思维的要求，即是说，“应当”构成一种必然性，②虽然，这种必然性或客观性的基础在于认识者的主观构造之中，这种主观构造的运作规律将芜杂的法律经验世界整理成有序的法律规范世界。

与“是”和“应当”的二分法相应，实在性与规范性是有关实在法的另一对基本的区分。

根据凯尔森的观点，人们必须将法律本身与其实在性(positivity)区别开来。实在性并非法律之为法律的属性，因为法律乃是规范；它只表示，构成实在法之具体内容的成分系由人为，是人通过意志的行

另一方面，凯尔森承认说：

纯粹法学对此了然于心，即特定物质事实的特殊规范性意义，也就是被标志为“法律”的意义，并不是必然的解释，而是一个可能的解释；唯有给定一个特定的基本预定之后，这种解释才是可能的。下文将论及这个特定的基本假定。

See Hans Kelsen, *Introduction to the Problems of Legal Theory*, p. 34. 这个“基本假定”指的是基础规范的预设。这说明凯尔森并没有意识到自己所面临的问题。因为问题不在于由于基础规范是假定的，所以规范性解释只是一个“可能的”而非“必然的”解释——事实上，凯尔森自己将这个假定认为是必要的，所以它就成了一个“必然的可能性”；问题在于他的循环论证。

凯尔森后来引入了完全与康德主义相悖的休谟式的经验论据，将“归责”视为一种思维的习惯。Kelsen, *Pure Theory of Law*, p. 103.

1963 年以后，凯尔森又经历了第三次理论转向。他最终引入一个虚拟的意志来解说基础规范。这意味着法律的“应当”被置于某个逻辑上必要的意志之下。参见[英]韦恩·莫里森：《法理学：从古希腊到后现代》，李桂林等译，武汉大学出版社 2003 年版，第 361 页。

① See Hans Kelsen, *Introduction to the Problems of Legal Theory*, pp. 10－11. “然而，人们无法否认，作为规范的法律乃是一种观念上的实体，而非一种自然的实体。” See Hans Kelsen, *Introduction to the Problems of Legal Theory*, p. 15.

② 请比较休谟关于知识或科学及其对象的论述。休谟区分了两类关系：一类是完全取决于观念的关系，它们能够成为知识和确定性的对象，它们是类似、相反、性质的程度和数量或数的比例；另一类不取决于观念，它们可以不经过观念的任何变化而变化，这包括同一关系、时空之间的位置和因果关系。[英]休谟：《人性论》(上册)，关文运译，商务印书馆 1980 年版(1997 年第 9 次印刷)，第 85～89 页。所以在休谟这里，习惯并不能构成知识的对象。作为科学的纯粹法学引用休谟的“思维习惯”来解释“归责”观念，看来并不能得到休谟本人的赞赏。

为而引进的。所谓实在性,就是由人所造,而非出乎自然之意。[①] 实在性与规范性分属两个领域,规范性涉及内容的规范意义,属于“应当”;实在性涉及内容的渊源,属于“是”。因而,根据凯尔森的学说严格讲来,作为规范的法律不能被创造;说法律被创造,仅指法律的具体内容是由人所确定下来,并填充进被纯粹法学认识到的那个永恒的法律框架之中的。

忽视这一层区分,就不容易恰当地理解基础规范学说中某些似非而是的内容。例如,有论者质疑说,如果诚如凯尔森所言,基础规范并不在实在法体系之内——基础规范只是被预定而非被立法行为所创造的,那么它怎么可能处在实在法规范等级体系的顶端呢?[②] 但事实上,法律的等级体系并非实在性的等级体系,而是规范性的等级体系。实在性没有等级,只有因果关联。能够具有等级的,只能是规范性链条上的环节。诚如上述,如果不超越纯粹的实在法体系,第一个宪“法”就只是一个事实。只有当基础规范附着在这第一个宪“法”之上,它才成为真正的宪法。因而,就内容系由人为而言,法律的确就是实在法;但就其作为规范而言,法律却必须依赖一个不能通过人的意志予以创造的假设。由此,不独基础规范是假设的,通过合法性链条

---

① 这是凯尔森使用“实在法”一词时所表达的意思。参见[奥]凯尔森:《法与国家的一般理论》,第 128 ~ 129 页;以及[奥]凯尔森:《自然法学说与法律实证主义》,载《法与国家的一般理论》,第 427 页。哈贝马斯在解释现代法的形式特征时,对实在性(实证性,positivität)作了如下表述:“现代法律是一种实证法。它不是用解释来加以确认,也不是用神圣化的传统来加以传承;相反,它表达了一个自主立法者的意志……”参见[德]尤尔根·哈贝马斯:《交往行为理论》(第 1 卷),第 248 页。

② See Julius Stone,“Mystery and Mystique in the Basic Norm”,*The Modern Law Review*, Vol. 26 (1963), pp. 44 – 46. 斯通还特别质疑了“基础规范”这个术语中的“基础”一词,认为这个状语在此是不恰当的。相反,它应该被命名为“最高规范”(apex norm)。See Julius Stone,“Mystery and Mystique in the Basic Norm”, *op. cit.*, p. 44. 后来,斯通在行文中干脆就用自己所造的术语“最高规范”来指称凯尔森的“基础规范”。See Julius Stone, *Legal System and Lawyers' Reasonings*, California: Stanford University Press, 1964, pp. 124 – 125. 但如果我们追问实在法的效力来源,根据凯尔森的看法,那这个链条的终点只能在基础规范;所以基础规范的确处在规范体系的顶端(apex);反过来说,实在法的效力是从基础规范传递而来,基础规范是实在法之规范性的起点,因而处于基础的(basic)地位。不论基础规范的具体所指到底为何,它都既是基础,又是顶点。

的传递作用，整个实在法的"应当"都只能是假设性的。① 基础规范不具实在性，不属实在法，并且也不可能具有实在性——即使立法者将"法律应当遵守"的条文写入宪法，它还是需要从更高的规范获得效力，否则就仍旧只具有事实性。但这只是就其法律性质而言的。基础规范与作为规范的实在法②同属规范的领域。

关于实效与效力的二分，凯尔森指出，效力是法律的一种特性，实效则是人们实际行为的一种特性。"效力"乃是规范的特殊存在方式："我们所说的'效力'，意思就是指规范（norm）的特殊存在。说一个规范有效力就是说我们假定它的存在，或者就是说，我们假定它对那些其行为由它所调整的人具有'约束力'。"③实效则是人们实际上的行为与法律规范所表述的内容相符合，或者说，实效是规范实际上被适用、被遵守、被服从。④ 因而实效并非如日常语言所表示的那样，属于法律本身的一种特性。⑤ 此处的要点在于，为了能够言说实效，就需要首先有被法学认识所确定的规范。

这一系列二分法，⑥在凯尔森这里，就是事实与价值的区分这个近代原则的对应物。凯尔森用它们为法学开垦自留地，为法学构建出自身独有的研究对象。但尽管这些二分法在逻辑上泾渭分明，它们却造成了原则性的困难，以至于法律究为何物这个首要问题，始终得不到直接的追问。

三、基础规范学说的第一个决断

规范性与实在性的二分法，其功能在于阐明规范世界的自立、自

---

① 参见［奥］凯尔森：《自然法学说与法律实证主义》，载［奥］凯尔森：《法与国家的一般理论》，第 430 页。这也是凯尔森的相对主义的实证论在法律效力问题上，与绝对主义自然法学说之间的差异所在。

② 凯尔森常常用"法律之为规范"（law *qua* norm）、"规范之为特殊的意义"（norm *qua* specific meaning）来表述纯粹法学的对象。See e. g. Hans Kelsen, *Introduction to the Problems of Legal Theory*, pp. 11, 15.

③ ［奥］凯尔森：《法与国家的一般理论》，第 32 页。

④ 参见［奥］凯尔森：《法与国家的一般理论》，第 42 页。

⑤ 参见［奥］凯尔森：《法与国家的一般理论》，第 42 页。

⑥ 为方便起见，下文有时候其统称为实在性与规范性的二分法。

足以及特殊性。根据这一二分的世界图像，法律若不属于自然，就必属于规范。基础规范学说的另一个前提，即法律与规范的等同，便将法律归于规范。这样，法学作为对法律的认识，就遵循规范世界的逻辑：规范以“有效”这一方式存在，而效力只能从另一条更高的规范得来。因为从“是”推不出“应当”；又由于实在法在数量上总是有限的，故而，这一效力链条必须在某一处停止。基础规范即是终点所在。基础规范之为必要，其因在此。

既然法律性即规范性，那么在法学的界域之内，规范性在逻辑上就具有优越于实在性的地位。这一点尤其体现在凯尔森为规范性法律科学相对于法律社会学的优先性所作的辩护之中。法律社会学以法律规范概念为其前提，[①]这也等于说，唯有首先确切地认识到法律规范，才有可能进而研究法律的实效问题。

但这一优先关系在凯尔森自己的表述中却存在逆转现象。实在法这同一个事物结合了规范性与实在性二者。它们实际上提供了两个可能相互对抗的视角。虽然基础规范学说的要义在于法律与规范的等同，但凯尔森自己却常常从与自己的体系相违背的视角出发来看待法律问题。例如，他将法律视为一种社会技术，并且主要是一种恐怖技术：通过强制措施的威胁来促使人们实现社会所希望的行为。在此，凯尔森只将使这种恐怖技术成为必要的原因问题划归社会学，而将社会技术的命题保留给了法学。[②] 一旦纯从技术这种实在性的角度出发，规范性从而合法性就会从属于实在性，“应当”与“是”以及规范性与实在性之间的分离关系就难以为继。根据技术论题，法律是一项诱发动机的事业，而“应当”无非是实现这一事业的一种组织手段。问

---

① 参见［奥］凯尔森：《法与国家的一般理论》，第196～200页。

② 参见［奥］凯尔森：《法与国家的一般理论》，第20页。关于法律主要作为一种恐怖技术的论题，参见《法与国家的一般理论》，第18～19页。与之矛盾的论题，参见《法与国家的一般理论》，第29页。另请参见［奥］凯尔森：《布尔什维主义的政治理论——一个批判的分析》，吴恩裕译，商务印书馆1962年版，第5页：“它是一种强制的秩序，那就是说，它企图用强制措施来制裁所不希望的人类行为，从而实现所期望的人类行为。”

题在于，根据凯尔森的逻辑法则，同一对象不能有一个以上的概念，[①]法律的技术论与规范论之间是一种互相排斥的关系；法律不能既是一项被操纵的技术，又是一种规范。两者当中，必有其一是“不科学的”。技术与规范遵循不同的逻辑，前者信奉目的—手段之间的因果联系，后者则是“归责”这种“应当”关系。技术的视角可以自圆其说地将规范视角吸纳到自己的逻辑之中，只需将“应当”揭示为一种行使修辞功能的虚构。若是如此，则基础规范学说的两个前提，也就颇成问题。

在第一版《纯粹法学》中，凯尔森正是沿着技术论的思路，到达了否定规范论的结论，但随即又拒绝了它。[②] 就其拒绝了技术论而言，规范性与实在性之间关系的逆转现象因此得以扭转。但凯尔森却自认，他无法拿出决定性的理由来说服这种拒绝以“应当”的视角来看待法律的“理论上的无政府主义”（theoretical anarchism）。[③] 他并承认，规范论只是诸种可能的理论之一，而不是对法律现象的唯一正确解释，因为“成为社会科学对象的材料的特点之一是：这种材料不能不有双重的解释”。[④] 但这一理论上的“妥协”不但不解决问题，反而说明了基础规范学说的选择性或基于决断的性质。凯尔森在两种可能的理

---

① 参见［奥］凯尔森：《法与国家的一般理论》，第 212 页；也见［奥］凯尔森：《共产主义法律理论》，第 218 页。

② See Hans Kelsen, *Introduction to the Problems of Legal Theory*, p. 32. 凯尔森在这里顺着技术论的思路推导出对规范论的否定结论，随后拒绝了它，而拒绝的理由竟然是：“只要存在宗教，就必须有教义神学，而不能被宗教心理学或者宗教社会学所替代；同理，只要存在法律，就会有规范性的法律理论。” See Hans Kelsen, *Introduction to the Problems of Legal Theory*, p. 35. 这里，凯尔森其实在以规范法学（如法律教义学）的历史现象来为规范法学的成立作辩护。另外，我们应当注意到，凯尔森在论证自己的规范性命题的时候，转而援引参与者的内在观点，也就是以主观性来为客观性辩护。See Hans Kelsen, *Introduction to the Problems of Legal Theory*, p. 33. 另可参见贝克斯对凯尔森与哈特之异同的比较。See Brian Bix, *Jurisprudence: Theory and Context*, London, Sweet & Maxwell, 1996, pp. 62 – 63. 值得注意的是，在《纯粹法学》第一版之后的《法与国家的一般理论》中，对技术论题与规范论之间冲突性质的意识，却消失了。

③ See Hans Kelsen, *Introduction to the Problems of Legal Theory*, p. 34. 这使纯粹法学难免被指责为意识形态。凯尔森退而区分“意识形态”概念的不同意义。意识形态既可以指与现实相对的观念，也可以指掩盖并歪曲现实的做法，即虚假的理论或观念。纯粹法学的反意识形态立场，在于它将实在法与任何正义的自然法理念区分开来，在于它不歪曲实在法。See Hans Kelsen, *Introduction to the Problems of Legal Theory*, pp. 35 – 36.

④ 参见［奥］凯尔森：《法与国家的一般理论》，第 375、419 ~ 420 页。

论之间坚持其中的一种（尤其要注意，规范论在此实质上不是同时保留了而是否定了技术论），但却不能给出具有说服力的理由——他对规范性的论证归根结底只是一种循环论证：如果我们接受法律是规范，那就必然预设了“归责”范畴，从而预设了基础规范；但恰恰只有在证成了“归责”范畴以及基础规范之后，才有可能说服人们相信法律乃是规范。① 因而，对规范论的坚持超出了纯粹认识上的兴趣（interest）的范围。科学之外的判断，即为政治的判断，②所以纯粹法学的科学性主张是以一个非科学的或曰政治的判断为基础的。③

即使我们同意这一选择，难题还是存在。这里实在性与规范性之间关系的倒转并非唯一的倒转，这第一个决断也不是唯一的决断。基础规范学说作为这第一个决断的结果，自身仍然需要一系列特殊的运作。根本而言，前提当中隐含的选择，衍生出了结果对于一系列选择的需求。在基础规范的内容得以层层展开的过程中，它们将会显现出来。

---

① See generally Stanley L. Paulson, “Introduction”, in Hans Kelsen, *Introduction to the Problems of Legal Theory*.

② 凯尔森指出，政治意识形态（作为主观的价值判断）根源于意志，它产生于一定的兴趣——兴趣属于存在的领域；但科学也产生于某种兴趣，只是它唯独以真理作为它的兴趣。参见［奥］凯尔森：《法与国家的一般理论》，第 V 页。也就是说，在“唯独以真理作为它的兴趣”之外的兴趣，都属于主观的价值判断。关于认识作为一种价值，请参见［美］希拉里·普特南：《事实与价值二分法的崩溃》，应奇译，东方出版社 2006 年版，第二章“事实与价值的缠结”。

③ 大卫·戴岑豪斯也指出：“因此，在对法律的不同理解之间所作的选择，本身就是在诸种价值之间作出的一种抉择。”See David Dyzenhaus, “The Pure Theory in Practice: Kelsen's Science of Law”, in David Dyzenhaus, *Legality and Legitimacy: Carl Schmitt, Hans Kelsen and Hermann Heller in Weimar*, Oxford: Clarendon Press, 1997, p. 108. 另外，我们不妨比较一下：纯粹法学与那种假定实在法秩序大体上是正义的，从而在该前提之下进行教条研究的做法相比，到底有什么差别？或者哪种做法更坦率？假定法律秩序大体正义的做法也同样悬置了价值判断。“假使法学不想转变成一种或者以自然法，或者以历史哲学，或者以社会哲学为根据的社会理论，而想维持其法学的角色，它就必须假定现行法秩序大体看来是合理的。”［德］卡尔·拉伦茨：《法学方法论》，陈爱娥译，商务印书馆 2003 年版，第 77 页。另一种保持法学价值中立的方法在于这样一个语言学的论据：“运用”和“提及”是不同的，当我说“某事应当”的时候，我是在运用某些语词，比如“某事”“应当”，这时，我是在作价值判断；但当另一个人对我说，“既然你认为某事应当，那你就应当做某事”，此时，他仅仅提及了相关的语词，它并没有作价值判断，只是作了一个逻辑推理。参见［英］哈特：《凯尔森之会》，载哈特：《法理学与哲学论文集》，支振峰译，法律出版社 2005 年版，第 306 ~ 308 页。

第三章　基础规范的内容：合法性概念的结构

法律之为规范，以一种合法性体系的方式存在：一系列合法性链条，将诸多法律规范组织为一个系统。基础规范学说认为，合法性（legality），即符合法律的观念，为基础规范这一假定所固有。[①] 合法的，便是有效的。不过，合法性概念的具体内容，尚须从规范等级体系的理论当中去进一步加以推敲。

一、规范等级体系的原理

"应当"是一种必然性关系。关于法律关系的必然性，凯尔森写道：

> ……立法者在不法行为与惩罚之间建立起了一种与因果关系截然不同的联系。不过虽是截然不同，却也同样是不可违反的（inviolable）。因为在法律的系统之中，也就是说，因法律之故，惩罚总是随不法行为而来，概无例外，即便在自然的系统当中，惩罚有可能因为这样或者那样的原因而并未能够实现。[②]

---

① 参见［奥］凯尔森：《自然法学说与法律实证主义》，沃尔夫冈·赫伯特·克劳斯英译，沈宗灵中译，载［奥］凯尔森：《法与国家的一般理论》，沈宗灵译，中国大百科全书出版社 1996 年版，第 443 页。中译者在此将"legality"译作"法制"，以避免与凯尔森行文中对这一概念所作的解释，即"符合法律"相重复。

② Hans Kelsen, *Introduction to the Problems of Legal Theory*, trans. by Bonnie Litschewski Paulson and Stanley L. Paulson, Oxford, Clarendon Press, 1992, p. 25.

纯粹形式的规范性概念本身是空洞的。立法者为它填充进不同的实质内容。作为某种主观状态，条件与其后果之间的联系是一种假“应当”之名的意志关系。因而，当法律生效之前立法者说，对某行为应当给以某制裁的时候，他的真实含义是，他意图、打算或者想要给那种行为施加一定的制裁。作为意图，条件与后果之间的联系不是必然关系，因为立法者此时作如是想，一转眼或许就另作他图了。①

同样的内容在成为法律关系之后，性质就发生了转变。条件与结果之间的关系获得了客观性。说一个人想要甲，但同时又想非甲，这在逻辑上并不矛盾，因为它陈述的对象都是现实，所以是可能的。但若说甲既是应当的，又是不应当的，这却不为矛盾律所容。② 应当如

---

① 凯尔森还举例说，甚至立法者在立法的时候，对法律案的内容一无所知也并非怪事。因此，要将法律的效力归结为立法者的意志，乃是不折不扣的虚构。所以，法律的效力肯定不在意志，而在于一条规范。参见［奥］凯尔森：《法与国家的一般理论》，第 35 ~ 37 页。让我们来考虑下面两个问题。第一，设想在一个法律体系中，存在一条规定某一特定的身位比如独裁者的意志就是法律的规范，此时，说法律的效力在于意志是否与说法律的效力在于规范根本不同？凯尔森对此可以回答说，纯粹法学将实效作为效力的条件，所以，最终，根据纯粹法学，这条规定意志为效力来源的规范，必须服从实效性原则这条更高的规范。但所谓实效，不就是指这位独裁者的意志已经实际上获得了服从吗？问题仍然是：有何不同？卡尔・施米特提出了具体的批评，相关的论述可参见［美］约翰・麦考米克：《施米特对自由主义的批判》，徐志跃译，华夏出版社 2005 年版，第 196 ~ 199 页。吴恩裕先生也提出了类似的批评。参见［奥］凯尔森：《布尔什维主义的政治理论——一个批判的分析》，吴恩裕译，商务印书馆 1962 年版，“译者导言”，第 11 页。另外还可以参见斯通的批评：Julius Stone, *Legal System and Lawyer's Reasonings*, California, Stanford University Press, 1964, p. 104. 斯通的批评所提出的理由可与哈特的“承认规则”理论相比较。

第二，立法者有时在实际上并不知道法案的内容，对法案并不具有真实的意志，但法律还是通过表决程序获得了效力；但这并不能否定立法的观念本来就要求立法者对法案具有意志。意志不可能从法律的效力当中被排除——若是立法者对他的人民说，我立了法，但不知它是什么，这无疑是失职；若是所有的立法者都如此，那则是不可想象的。立法者的意志应当是法律效力的来源，这与实际上有些立法委员根本没有表达什么意志的事实可以并行不悖。凯尔森认为立法者的意志是一个虚构（fiction），但法律本身就是一种拟制（fiction），它构造的并非任何物理实体。也许将民主立法机关中的复数的意志看作是一个意志，倒有可能是一个意识形态虚构。然而凯尔森恰恰意图论证一种真正的民主原理：妥协。

② 参见［奥］凯尔森：《自然法学说与法律实证主义》，载《法与国家的一般理论》，第 446 ~ 447 页。

此,就必得如此。“应当”就是不容商量。[①] 能够讨价还价、多点少点,这不是规范的性质。基础规范设定的正是这样一种合法性的概念:如果这一结果和这一条件相联结,那就不可以有其他结果,也不可以没有结果。[②] 也就是说,当规范性这种必然关系传递到具体内容之时,它就使得作为具体内容的条件与制裁之间,构成了某种必然关联。

从实在性方面引入的具体内容,因此之故,就成了真正被确定下来的(posited)命题。但实在性既确定内容,又改变内容。实在法的意思就包含了可被人废除和修改的可能性。因此合法性概念具有另一层含义。从反面来说,当法律规范并不曾在法律秩序本身所确定的方式下归于无效之时,它们就继续有效。[③] 而从正面来规定这一概念就是:在法律秩序之内,法律可以并且只能在合法的方式下被废除或修改。

根据合法性概念的这两层含义,我们便可以发掘出一种有关规范等级体系的原理。[④] 该理论的核心是混合原则与效力取得原理。

混合原则指的是法律体系不可能是一个纯粹委托的动态系统,同时也不可能是一个纯粹演绎的静态系统。一个纯粹的静态系统无法解释法律内容的可变性,也不能解决法律的适用问题。[⑤] 但是,一个纯

---

① 施米特在提到“专政”时说:“专政就是没有商量。”参见[德]卡尔·施米特:《政治的神学:主权学说四论》,刘宗坤译,载卡尔·施米特:《政治的概念》,刘宗坤等译,上海人民出版社2004年版,第41页。本文借用了这个语式。

② 参见[奥]凯尔森:《自然法学说与法律实证主义》,载《法与国家的一般理论》,第443页。

③ “当这些规范并不曾在法律秩序本身决定的方式下归于无效时,他们就继续是有效力的,这就是合法性(legitimacy)的原则。”参见[奥]凯尔森:《法与国家的一般理论》,第132页。这里,凯尔森使用了“legitimacy”这个术语。但其含义显然从属于“legality”。就像“正义”概念在纯粹法学当中只具有“合法性”概念的派生意义(“在法律之下”、以符合法律的方式适用法律),参见[奥]凯尔森:《法与国家的一般理论》,第14页,“正当性”也是如此。在另一处,凯尔森已经消解了“正当性”概念的意识形态功能。See Hans Kelsen, *Introduction to the Problems of Legal Theory*, p. 106.

④ 与凯尔森自己的“规范等级体系”命题相比,我在这里所阐发的规范等级体系理论,在范围上更广,并试图发掘更基本的原则;但其中的各个方面,都已包含在纯粹法学之中。关于凯尔森自己的“规范等级体系”问题,泛详[奥]凯尔森:《法与国家的一般理论》,第十一章。

⑤ “显然,在理想上不依人的活动和意愿为转移的自然法规范,为了实行的目的,最后会要求人的行为的中介。”参见[奥]凯尔森:《自然法学说与法律实证主义》,载《法与国家的一般理论》,第434页。因而,自然法若要被运用,就必须首先进行委托或授权(delegation)。

粹的动态系统也不能成立，它不能解释法律体系总是相应地存在一个履行自己职责的官僚系统。官僚系统假定存在着划分管辖权的标准，而这类标准原则上必须以静态系统中的规范那样发挥作用，不论它的实际程度如何。当然，纯粹委托体系更不能解释一般性的实体规范以及个别规范的存在。[①] 授权而不同时设定限制，就无法形成一个长长的系列，而每一种规范性的限制都假定了静态原则。每一次将全权给予另一方的行为，最终就是取消了给予者，而只产生新的全权者。[②] 凯尔森认为，每一个造法行为（委托—动态的要素）都同时是对法律的适用（推理—静态的要素），[③]每一个法律适用行为同时也是创造法律的行为。[④] 法律体系通过法律行为而运转起来，而法律行为的这样一种特征，只能从混合原则中才能获得解释。

效力取得原理指的则是，静态要素在混合原则内部具有优先性。因为作为动态过程的造法行为，只有在符合了先定的规范之时，才能具有创造法律的意义，具有法律行为的资格。静态要素是法律体系当中能够被认识到的部分，凯尔森称为"框架"（frame）。[⑤] 只要"符合法律"的说法是有意义的，那么这个框架就必定是可得确定的内容，哪怕是稀薄的内容。所谓一条规范的效力，只能从一条比它更高的规范那里得来，就表达了静态要素的优先性。这是"应当"作为一种必然性关系的结果。所以正是这种必然性关系，为规范等级体系奠定了基础。

---

① 关于静态规范体系与动态规范体系的问题，参见［奥］凯尔森：《法与国家的一般理论》，第 126 ~ 128 页；Hans Kelsen, *Introduction to the Problems of Legal Theory*, pp. 55 – 56。

② 授予权力（包括处分任何事项的权力）但同时附有保留条款（例如可以随时撤回），这类情形的实质也不是授予全权。

凯尔森也提到，基础规范不能是一种纯委托的规范，它自身就施加了若干限制。但凯尔森提到的这些限制只涉及为避免矛盾而预定的解释原则（后法胜前法，高级规范胜于低级规范及法律的概念），与我们在这里所发挥的意思，并不等同。参见［奥］凯尔森：《自然法学说与法律实证主义》，载《法与国家的一般理论》，第 438 ~ 441 页。

③ 一个例外：推定"历史上第一部宪法"为有效的行为并非对其他规范的运用，即基础规范的成立不是法律适用行为的结果。参见［奥］凯尔森：《法与国家的一般理论》，第 152 页。

④ 单纯执行个别规范的行为是一个例外。参见［奥］凯尔森：《法与国家的一般理论》，第 152 页。

⑤ See Hans Kelsen, *Introduction to the Problems of Legal Theory*, p. 80.

混合原则与效力取得原理的相互作用，就导向了凯尔森的规范等级体系理论。授权引进了动态因素，实在法的内容因而有可能新陈代谢。但静态因素则使法律体系构成一个动态的系列成为可能，权力层层转移，直至个别规范的执行。另外，静态因素使这个链条成为一个等级：授权规范高于据其制定的规范，高级规范在一定程度上决定(determinate)下级规范的创造，这或者指决定下级规范的创造程序，或者指决定下级规范的某些内容。

这种纵向的等级体系在合法性概念内部植入了一个等级结构。这本就是基础规范的题中应有之义，因为"基础"在凯尔森那里就意味着"最高"。以合法的方式废法或者修法意味着以合法性打破合法性，这一做法因为这种纵向的等级关系便有了可能性。这就是基础规范预定的"高级规范优于低级规范"这一原则。①

以合法性打破合法性还有另一种情况，那就是在同一个规范层次上的修法或者废法，并且我们通常想到的就是这种情况。立法机关通过新的立法废除了一部旧的法律，或者以一部新法取代以前的旧法。宪法修正案甚至能够改变宪法。"新法优于旧法"的原则通常可以解决这个问题。② 需要指出的是，凯尔森认定，刚性宪法从原则上讲是不可能的。因为，在作为一份庄严文件的形式宪法之中将习惯排除在法律渊源之外的做法，在法律上无法排除宪法经由习惯来加以修改的可能性。③ 习惯不可避免地属于实质宪法上的一项制度。④ 其中的根源，就在于基础规范在另外一个意义上表示实效原则。纯粹法学总是认定那些具有实效的事物为规范，而习惯作为一种创造法律的方式，

---

① 参见[奥]凯尔森：《自然法学说与法律实证主义》，载《法与国家的一般理论》，第439页。

② 参见[奥]凯尔森：《自然法学说与法律实证主义》，载《法与国家的一般理论》，第439页。

③ 参见[奥]凯尔森：《法与国家的一般理论》，第288页。

④ 参见[奥]凯尔森：《法与国家的一般理论》，第143～144页。关于"形式宪法"与"实质宪法"的概念，参见[奥]凯尔森：《法与国家的一般理论》，第142～143页。

从定义上讲就已经是一种以实效来造法的方法。[①] 所以，宪法不可能有意识地规定某项内容为万世不移的。在基础规范内部，作为无意识的法律创造方法的习惯法总能一时地胜过制定程序的规定。这种"一时性"[②]同样是立法程序的特征。所以习惯法与制定法可以以一种交替胜出的方式，统一于"新法优于旧法"的原则之中。实在法就此便具有一种永远变动的可能性。

归结起来，基础规范设定的规范等级体系的结构，应当这样来加以表述：基础规范规定，法律体系通过混合原则与效力取得原理来组织，高级规范在程序方面或者也包括在内容方面决定下级规范的创造，这就是高级法的效力优越于低级法的原则。在这个纵向的等级中，宪法处在实在法的最高一级；个别规范，例如行政决定以及法院判

---

① 麦考密克和魏因贝格尔认为，凯尔森的规范主义是把法学中的社会学研究压缩到一个极小点，"即调查研究某个在逻辑上可以陈述和描述的法律秩序，在它想要生效和有约束力的领域内，是否真正在运转，或大体上行之有效"。参见[英]麦考密克、[奥]魏因贝格尔：《制度法论》，周叶谦译，中国政法大学出版社1994年版，第3页。这个说法不够准确，甚至是误导人的。实际上，凯尔森的习惯法理论以及实效原则的理论，在根本上推翻了法律科学的纯粹性质，并使法律科学不得不首先进行社会学的研究，进而再把社会学研究的结论转换成规范科学的话语。所以，当凯尔森说法律社会学以规范法律科学为前提，此时他正好把关系颠倒了过来。当然，对于实效原则本身，凯尔森的说法倒是能够成立，我们的说法在此存在一个例外。相关的论述，可以参见斯通的评论：Julius Stone, *Legal System and Lawyers' Reasonings*, pp. 103 – 104。

对此，我们可以考虑一下凯尔森关于效力与实效关系的说法。如果(法律体系整体上的)实效是效力的条件，那么"总体来看"，一条法律规范的意义实质上就是同类实际行为的平均化，某种大体上的规律性。唯有如此，凯尔森才能说，法社会学与规范法学的判断之间在内容上具有一致性。参见[奥]凯尔森：《法与国家的一般理论》，第191页。

这个论题应当联系到马克斯·韦伯的理解社会学。社会学意图对社会行动进行诠释性理解，并从而对社会行动的过程及其结果予以因果性解释；"所谓'行动'(Handeln)意指行动个体对其行为赋予主观的意义——不论外显或内隐，不作为或容忍默认"。[德]韦伯：《社会学的基本概念(韦伯作品集Ⅶ)》，顾忠华译，广西师范大学出版社2005年版，第3页。"主观意义"的理解包括三种情形，即存在三种主观的意义：(1)具体个人的真实意向；(2)大量意向的平均值；(3)具有典型性的意义关联，通过科学方法的构建，成为理念型。参见同书，第11页。对韦伯而言，构成社会行动的要素，在于行动者所赋予的主观意义，所以法律社会学的对象也是行动者主观赋予其行动的法律意义。凯尔森的努力就是要将法律本身作为客观的意义从行动者的主观领域解脱出来，其具体运作的方法就是通过他的基础规范。

② 比较[德]卡尔·施米特：《合法性与正当性》，李秋零译，载卡尔·施米特：《政治的概念》，刘宗坤等译，上海人民出版社2004年版，第225～226页。施米特讨论了议会制立法型国家中的"当时性"问题。

决处在最低一级。在同一个规范等级上,基础规范则规定新法优于旧法,并且这就规定了一种“一时性”——因而在作为实在法体系之基础规范的实质宪法内部存在一个优先原则,即当下立法者的意志胜过过去立法者的意志,不论这当下的“意志”是否是有意识地表达的,这就是新法优于旧法的原则;结合前一个原则来看,这种一时性是在各个等级的水平层次上发挥作用的。①

二、规范等级体系的倒转现象

上述即为规范等级体系的正式内容、基本机制及其根据所在。但凯尔森意识到实在法体系当中的另一个事实,以至于他的法律解释理论,为纯粹法学的规范论引入了一个异质因素,尽管他谈论的从来都是规范。

这个事实就是,违反高级规范的低级规范,一旦最终被创造出来,就是有效的。凯尔森在法律陈述的正确形式中,提到了这种“最终表述”:

> 不能认为法律陈述的形式是:如果有人偷盗、杀人,因此将受到惩罚——关于此人是否做了此事的绝对甄别标准如何确立呢?法律陈述的形式应该是:在一个专门程序中,如果,此人在其最后陈述当中被认定曾经偷盗、杀人,他将受到惩罚。就这个法律陈述而言,并没有司法错误,国家方面也没有失之非法。②

国家不可能为非,或者说法律总是能够通过突破规范的限制而

---

① 参见[奥]凯尔森:《自然法学说与法律实证主义》,载《法与国家的一般理论》,第439页。也见[奥]凯尔森:《法与国家的一般理论》,第146页。凯尔森尤其指出,新的下级规范不能胜过旧的高级规范:“当低级规范时间上在后,就可能适用前法胜于后法的原则。”

② [奥]凯尔森:《上帝与国家》,林国荣译,载刘小枫选编:《施米特与政治法学》,上海三联书店2002年版,第323页。法律陈述的形式本身是由基础规范所规定的,所以这个陈述也就是基础规范自身的形式。参见[奥]凯尔森:《自然法学说与法律实证主义》,载《法与国家的一般理论》,第443页。

创造出新的合法性。如果我们将这里提到的两种陈述形式加以对比，我们就能够发现，与效力取得原理的要求相反，凯尔森将动态因素放在了优先的地位。这就从根本上否定了“应当”的必然性，并且把宪法、一般规范、个别规范这一等级体系的顺序整个地倒转了过来。

一方面，纯粹法学完全承认混合原则与效力取得原理。规范无法规定所有的情形与细节，[①]所以，虽然高级规范与低级规范之间是决定或约束的关系——高级规范或者同时在程序与内容两个方面，或者仅仅在程序方面决定低级规范的创造——但这种决定不可能是完全的；相反，高级规范必定会留下裁量的空间，以使新法的创制成为可能，也使自身能够适用于具体的案件。[②] 这都说明，在规范等级体系内，规范的确定性与不确定性都不是绝对的，两者相辅相成。

但是，另一方面，为了知识—逻辑上的无矛盾原则，为了法律体系被认识为一个统一体系，纯粹法学必须在这同一个框架之内解释诸如“既判力”的问题。一个违法的判决，在它最终被作出之后，例如最高法院以违反实体法与程序法的方式作出了判决，那么这个判决就是有效的，也就获得了合法性；且不论在此同时，那些被违反的一般规范仍然是有效的。立法与宪法之间的关系，与此相同。违宪审查制度也不能从逻辑上排除这个包含了重大理论问题的可能性。如此一来，法律体系岂非一个矛盾体？它如何能够成为科学对象呢？

纯粹法学通过解释，取消了法律冲突问题。这一解释的核心在于提出“高级规范的选择性质”命题：“决定低级规范的高级规范的选择性质就排除了高级规范与低级规范之间的任何实在的矛盾。”[③]从纯粹合法性的角度来看，假如一个低级规范以违反高级规范的方式被创造出来，却仍然有效，这只能意味着，高级规范在规定某一条件应当给以某一后果的同时，也规定了法律适用/创制者可以选择以不同于高

① See Hans Kelsen, *Introduction to the Problems of Legal Theory*, p. 88.

② See Hans Kelsen, *Introduction to the Problems of Legal Theory*, p. 78.

③ ［奥］凯尔森：《法与国家的一般理论》，第 182 页。

级规范所规定的(不论程序的或者实体上的)内容的方式来创造该等级的规范。①

“高级规范的选择性质”破坏了“应当”的必然性。因为可选择的并且其选项在原则上无限的“规范”,事实上就等于没有规定任何内容是“应当的”。规范等级体系因为丧失了“应当”的必然性,也即丧失了效力取得原理,高级规范与低级规范的等级关系便无法维持。必须将这个等级体系颠倒过来。只有低级规范才是“应当”:相对于宪法,一般规范是真正的“应当”,它可以不顾宪法的规定而获得效力;相对于一般规范,个别规范才是真正的“应当”,它同样可以不顾立法或者条例的规定而获得效力。面对低级规范的时候,高级规范总是没有决定意义的,一点也没有。或许可以说,高级规范的说法在法律上是多余的——高级规范只是在每一次创造出特定的低级规范之后才被法学认识附加上去的,它们无非是一些“事后解释”。决定的关系正好与规范等级体系的正式内容相反。凯尔森原本的用意是为个别规范正名,但我们不得不说,到头来他事与愿违:个别规范具有否定一般规范的规范属性的效果。

凯尔森在从属于规范等级体系的意义上,同样谈到一个机关的等级体系:“如果一个机关能够创造使另一机关负有义务的规范,那么,前一个机关就高于后一个机关。”②譬如,与宪法——一般规范—个别规范这个序列对应的,可能就是立宪/修宪机关—立法机关—司法机关这个序列。但规范等级体系自身的悖论性质,也传递到了机关的等级体系之中。既然高级规范按例具有“选择性质”,那么高级机关在法律上也无法约束低级机关。

另一方面,正是根据规范等级体系的那种正式排列顺序,能够证明一个与规范等级体系不相对应的、倒转过来的机关体系。一个低级机关可以通过适用比它的上一级机关更高的规范而超越它的上

① 参见[奥]凯尔森:《法与国家的一般理论》,第 173 ~ 182 页。
② [奥]凯尔森:《法与国家的一般理论》,第 219 页。

级机关。[①] 规范的等级体系总是可能被适用体系打乱。

纯粹的合法性概念若是同化了整个法律思想，就必定出现纯粹法学在这里所遇到的矛盾。或许人们可以争辩说，法律的内容是什么的问题——不论是程序法还是实体法，都只能由实在法本身说了算。有时候，这似乎就是凯尔森自己的意见，因为他说，除了法律秩序所决定的机关在运用由法律秩序所决定的程序的过程中所下的判断外，"任何其他人的看法在法律上都是无关的"。[②] 但这绝对不是纯粹法学真正要主张的立场。相反，这是被法律科学的"规范"论调所压制的见识，就像整个规范等级体系的倒转现象受到压制一样，因为凯尔森从未承认这种倒转现象的存在及其意义。对于凯尔森来说，问题不是有或者根本没有确定的内容，而是确定性存在界限。如果根本就缺乏可以认识到的任何必然的"应当"关系，甚至从根本上否定"应当"的必然性（比如认为高级规范具有选择性），那么试图为狭义法律科学奠基的纯粹法学也许可以成立，但狭义法律科学本身却会整个地崩塌。[③] 狭义法律科学的任务在于以"如果如此这般的条件具

---

① 即使英国那样奉行"议会至上"的内阁制国家，名义上法院无权审查议会通过的法律，从而无权审查政府的执法行为，但通过"越权原则"，法院事实上并且也在法律上架于政府之上，就像政府因为政党政治的缘故，事实上控制着议会一样。整个英国行政法的基础问题就在于：在"议会至上"的原则下，如何能够证成法院对一个奉行内阁制的政府行为进行审查的权力？根据议会至上的原则，对议会负责的政府的行为，只要在议会制定的法律的框架之内，法院就无权过问行政行为的合法性。但英国行政法学发展出所谓的"越权原则"：的确，只要政府行为处在法律的范围内，法院就无权对之加以审查，如果它超越权限，就另当别论。只要开了这个头，形势就不可扭转了：是否越权的问题，总需要法院来加以确认。法院成了终局的适用者，也就成了最高的权威。参见王名扬：《英国行政法》，中国政法大学出版社 1987 年版（1997 年第 2 次印刷），第 14 页。

② ［奥］凯尔森：《法与国家的一般理论》，第 174 页。这段话出现在讨论如何确定低级规范是否符合高级规范的问题的语境中。

③ 凯尔森在广义和狭义两种意义上使用"法律科学"（legal science）这一术语。狭义的法律科学指具体的法学专业研究，即部门法学。广义的法律科学则包括了法律的一般理论。See Hans Kelsen, *Introduction To The Problems of Legal Theory*, p. 127. 纯粹法学作为一般法律理论，其任务在于为法律科学奠基。具体而言，它通过研究法律的本质（nature）与结构（structure），为法律科学的其他分支提供理论基础。See Hans Kelsen, *Introduction To The Problems of Legal Theory*, pp. 18, 53, 128. 也请参见［奥］凯尔森：《法与国家的一般理论》，"作者序"，第 I 页。

备,如此这般的制裁就应随之而来”这样一种形式来描述实在法的内容。[①] 对于狭义法律科学来说,合法与非法的界限,必须存在。这也是效力与实效的二分法以及效力在逻辑上对实效的优先性所预设的条件。如果根本没有什么内容是确定的,法律规范规定的内容可以意味着相反的事物,那么狭义法律科学的陈述就根本不是“应当”,而只能是可能性。[②]

凯尔森也许同样认识到,真正构成等级的要素,不在一个规范逻辑的链条中,而在某种判断的最终性上。例如,虽然照理来说,立法机关是创制约束司法机关的一般规范的高级机关,它是宪法的适用者;但一旦将判断立法是否符合宪法的权力给了司法机关,那么司法机关就会凌驾于立法机关之上。[③] 立法机关与违宪审查机关在此都在适用宪法,[④]但违宪审查机关的适用是最终的适用,是一锤定音。机关的等级体系倒转了过来。可以一般地说,法律的适用作为规范个别化的终点,适用的机关总是能从这种适用的终局性中获取自己的最高地位。

更棘手的问题在于:如果个别规范的特定创造者在原则上总是能够不顾上位规范的规定,作出终局的决定,从而创造有效的规范,那其中的原因必定是,这个或这些终局决定者本身或其行为,就是直接从基础规范而非任何具体的实在法规范中获得其权威的—如此一来,凯

---

① 参见[奥]凯尔森:《法与国家的一般理论》,第 49 页。

② 凯尔森提到“可能的非法性”。参见[奥]凯尔森:《上帝与国家》,林国荣译,载刘小枫选编:《施米特与政治法学》,上海三联书店 2002 年版,第 323 页。同理,不妨补充上“可能的合法性”。这样一来,凯尔森的所谓的“规范理论”就无法与法律现实主义区别开来。法学陈述都只是可能性,因为实在法秩序本身可以否定任何确定的法学陈述,将可能的非法性确立为合法性,而将可能的合法性确立为非法性。

③ 参见[奥]凯尔森:《法与国家的一般理论》,第 176 页。凯尔森承认,这是一个在政治上可能不合适的办法。不过,凯尔森恰恰主张设立宪法法院,也就是说,他在他的纯粹法律科学当中论证一个出于政治上的决断的方案,这一方案打击了某些政治立场;而凯尔森则宣称,这只是一个技术—科学思路的结论。关于司法审查的问题,参见本书第七章第二部分。

④ 宪法是每一个法律行为的构成部分,也就是说,从动态的观点看,每一个法律行为事实上都包含了作为起始环节的宪法。参见[奥]凯尔森:《法与国家的一般理论》,第 162 页。

尔森式的规范等级体系、机关等级体系云云，也就根本无从谈起。[1]

三、合法性概念的复合结构（一个重述）

基础规范内部的复杂性要求我们注意合法性的复合结构。这一复合结构若纯粹从规范的角度来看，它就体现为规范的等级体系。但规范等级以及官僚机构等级体系的倒转现象，要求我们对合法性概念的结构予以重述。我们还需要考察它所包含的各个组成要素及其组合方式。这一组合方式也构成某种等级（确切地说，它与倒转过来的等级体系相对应）。让我们再来概述一下这个结构，以便作出进一步的说明。

（一）合法性概念的第一个层次

诚如凯尔森所言，刚性宪法在法律上并无可能，那么在实在法上不可改变的因素似乎就不存在。但事实又并不如此。我们只要考虑到凯尔森认为基础规范发生更替的情形，就可以得出肯定的结论。作为宪法，基础规范会发生新旧交替的现象。这说明在基础规范之中，某些因素是构成性或者说是根本性的，这类因素的丧失，将消灭原来的基础规范本身，从而推翻整个法律体系。从其本性上看，基础规范必须规定这类因素不得改变。照此，在基础规范内部，就应该另有一种等级结构存在。那这类因素的具体内容究竟是什么？

关于基础规范发生更替的情形，凯尔森提到了一种，即革命（或者暴力政变[*coup d'état*]）。[2] 据此可以推知，构成基础规范同一性的因素，首先不可能是实体性的内容，而是程序性的内容；但也不是作为实

---

① 是否可能存在如下情况：不同的事项各自具有终局决定者，如最高法院，最高行政机关，最高立法机关等，甚至联邦中的最高机构、地方上的最高机构也分管不同的方面，这样，法律共同体的基础规范就设立了诸多不同的终局者？可能性似乎存在，不过这并不是理论上显而易见的事，相反，若没有特殊的社会学条件，它们将无法正常运转。比较［德］卡尔·施米特：《合法性与正当性》，李秋零译，载卡尔·施米特：《政治的概念》，刘宗坤等译，上海人民出版社 2004 年版，引言以及第二节。

② 在第一版《纯粹法学》中是如此，在《法与国家的一般理论》以及第二版《纯粹法学》中，也还是如此。参见 Hans Kelsen，*Introduction to the Problems of Legal Theory*，p. 59；《法与国家的一般理论》，第 134 页；*Pure Theory of Law*, trans. by Max Knight，Berkeley，Los Angeles，London：University of California Press，1967，p. 208。

质宪法的所有程序性内容，只有其中的唯一一项要求才是同一性的保证：如果以法律秩序本身未曾预料到的方式来推翻宪法并取得成功，基础规范就发生了更替。这就意味着这唯一的要求就是和平，因为法律秩序本质上是和平状态，没有和平就不会有法律状态。① 和平就是合法性，合法性就是和平。②

照此，合法性最低也是最终的要求，是以和平的方式创制法律，而反过来，凡和平的造法方式，无论如何都是合法的。和平的要求优越于任何具体规范的实质内容。因而，只要一个法律体系以正常或者和平的方式运转，就不可能将“非法”归于它。③ 也许不妨将“法律程序无谬性”的现象④说成是“和平的无谬性”。

（二）合法性概念的第二个层次

“和平的无谬性”使合法性概念第二层次中的等级关系成为可能。

---

① 参见［奥］凯尔森：《法与国家的一般理论》，第23页。

② 和平原来与战争或者武力相对。和平是不使用武力的状态。但这还不够确切。确切讲来，根据凯尔森的观点，和平是相对的，只要武力是合法方式行使的，那就仍然是和平。所以真正界定和平的条件是合法性。反过来，和平又是法律的一项社会学条件。参见［奥］凯尔森：《法与国家的一般理论》，第22~23页。

如果我们认真地考察一下凯尔森的理论策略，不但“战争”的概念，还有“和平”的概念都是多余的，它们都被法律概念取代了，前者变成了非法性（违反国际法的武力运用），同时也成为合法性（国际法上的制裁），后者或者可以被合法性取代，或者可以用来指称合法性的实效。参见［美］凯尔森：《国际法原理》，王铁崖译，华夏出版社1989年版，第28~33页。

再者，照这里所了解的意思，共和主义者如果以暴力成功地推翻了君主制，建立起了共和国，他们就改变了基础规范；如果共和国的议会根据一项宪法修正案废除共和制，永久性地将全权给予某位领袖，他们倒没有改变基础规范。

③ 凯尔森在《上帝与国家》一文中用来驳斥卡尔·施米特的论点，与施米特的主张相比，在效果上似乎并无差别：最终他们都使得“国家”能够正当地违法——就施米特而言，存在某些超越实在法的理由，使国家在一定情况下能够正当地违法；就凯尔森而言，则国家就是法律，法律不可能违法。但究其实质，可以肯定，两者真正展开争夺的，乃是谁有权作为法律争议（尤其宪法问题）的最终裁决机关：是行政机关，还是司法机关？参见［奥］凯尔森：《上帝与国家》，林国荣译，载刘小枫选编：《施米特与政治法学》，第301~328页。

④ “Merkl近来指出，神学上的教皇无谬性（infallibility）教义，实际上不过是对程序的法律正当性的一种神学运用罢了。”参见［奥］凯尔森：《上帝与国家》，林国荣译，载刘小枫选编：《施米特与政治法学》，第323页。凯尔森在此援引Merkl的论断，把施米特关于神学与法学之间的关系颠倒了过来。关于施米特的主张，参见［德］卡尔·施米特：《政治的神学：主权学说四论》，刘宗坤译，载卡尔·施米特：《政治的概念》，第1~44页。

正确的法律陈述指出了合法性概念之中的三个组成要素：实体法、程序法以及机关。根据颠倒过来的等级体系，三个要素之间的组成形式如下：

程序法胜过实体法。新法优于旧法的原则同样包含了这一关系，但那只适用于同一个等级的情形。例如，立法机关可以废除原来的旧法律，而这种废除行为的合法性就是从对立法程序的符合中得来的。根据这里的原则则可以解释，个别规范因为是在一个“专门的程序”中作出的，即使它“违反”了高级的实体规范，但只要它是“最终的”，它就立即是有效的，并且因此，它也没有违反那一高级的实体规范。相反，高级的实体规范必须被另行解释——或者，为什么我们不说，高级实体规范就此被修改了呢？至少在该个别规范的场合被修改了？

机关胜过规范。无论是程序性的规范还是实体性的规范，只要“最终陈述”的现象是实在法的一个无可回避的事实，就不得不作此论断。因为在机关处理法律争议的时候，不但实体法有可能被违反，而且程序本身也可能被违反。在法律程序的终局，违反程序法的判决或者违反宪法的立法，都自动获得效力。为此继续添加进一步的“纠错”程序，例如，增加审级或者设立行使违宪审查功能的机构，其结果都只是对问题的推延。

基础规范胜过机关。机关之所以是机关，就是因为它是由法律秩序所决定或者设立的。这是合法性概念的最后堡垒。由于基础规范的实质要求是和平，所以正常的法律运作，根本就不可能违反基础规范。

四、基础规范学说的第二个决断

为了解释实在法基本现象的第三个方面，基础规范学说不得不偏离甚至否定等级学说的正式表述。在重述过的合法性概念中，基础规范符合其第二种意义，即它超越于实在宪法。这种超越含义的真正功能则是意图对规范论加以补救。[①] 因为一旦机关(某个人身或者机构)胜过任何实在法的规范,那么为了使法律等于规范这个前提得以维系,就不得不(至少在逻辑上)为这一机关安置某种"更高"的"规范"。这的确就是凯尔森早期的理论选择。在1925年的《一般国家理论》(Allgemeine Staatslehre)中,凯尔森的基础规范首先设立的是一个造法机关(制宪者),他称为法——逻辑意义上的宪法(constitution in a legal-logical sense)。然后,这个制宪者创制出实在宪法(constitution in the positive law sense)。[②] 因而基础规范的功能在于创设一个超越一切实在规范(包括宪法)之上的制宪者。只要基础规范总是存在于特定法律体系之中,那么在历史上第一个制宪者消逝之后,必然会以某种方式、某种程度被后继者继承。[③] 也就是说,总会存在超越实在法规范秩序之上的权威,这一权威的规范性是被推定的(基础规范);但它不是某些被确立的、可以为法律科学所陈述的内容,而是某一具体化的实体。

所以,确切说来,这个补救却并无成效。相反,法律等于规范这个前提反而陷入可疑境地。如果基础规范像这里所认为的那样,直接附着于某种身份(君主、议会或者最高法院大法官,等等),那么法律作为"无人格的"实在规范系统就会被这种身份突破。[④] 法律系统就会出现双层的结构:一面是实在法规范;另一面是在它之上的身份——权

---

① 这里之所以说是"补救",原因在于,下述凯尔森早期理论的选择尽管在后期发生了变化,但这种变化是不彻底的,他仍然含糊其词地保留着早期理论的影子。凯尔森讲到"第一个宪法的创制同样也可以被认为是基础规范的适用",这与早期的思路还保持着联系,甚至保持着某种一致性。参见[奥]凯尔森:《法与国家的一般理论》,第151页。因而,早期理论的"长处"被偷偷保留下来。只有考虑到一个实在法秩序的基础规范就是它的宪法,而基础规范本身不是任何法律适用的结果(参见[奥]凯尔森:《法与国家的一般理论》,第152页),"第一部宪法"只是被预定为有效,并非适用某条更高级的规范的结果,这才与后期的立场一致。

② 上述内容是从斯通论文中对该著作的援引中概括而来。See Julius Stone,"Mystery and Mystique in the Basic Norm",*The Modern Law Review*,Vol. 26 (1963),p.36.

③ 这也是共和主义的思路之一。参见[美]弗兰克·米歇尔曼:《法律共和国》,杨立峰、应奇译,载应奇、刘训练编:《公民共和主义》,东方出版社2006年版,第178~236页。

④ 凯尔森将法律视为"不具人格的、无名的'命令'",参见[奥]凯尔森:《法与国家的一般理论》,第38页。

威，这一身份—权威不具有任何实在法上的义务（仅就国内法秩序而言），在法律上无须服从任何实在规范——因为基础规范并非实在法。在考察规范的效力理由的时候，凯尔森给出一条推理链条：某一行为之所以是法律行为，是因为它由一个个别规范所决定；而一个个别规范之所以有效，是因为，它是依据一般规范所创立的；而一般规范之所以有效，是因为它从宪法取得了效力；至于宪法本身的效力，就必须追溯到"历史上第一个宪法"，它的效力则是被推定的。[①] 然而，这样一种提问方式，的确掩盖了某些可疑的内容。真正的推理链条被掩盖了起来。问：为什么一个行为是法律行为？其答案是：它是由一个个别规范决定的。但为什么一个个别规范竟会是有效的呢？因为那是官员做出的。为什么官员作出的就必定是有效的呢？因为官员是由一般规范所决定的。进一步说，一般规范之所以是有效的，其原因在于，它是由立法者所制定的；立法者制定的内容之所以就有效，是因为它是由宪法确立的；最后，宪法是由制宪者制定的，甚至是通过诡计篡权、血腥暴乱的方式制定的，无论它是一个人身（如君主），还是一个大会（如制宪会议或议会）。

所以根据重述过的合法性概念，一种身份—人格的实在性因素，突破并高于实在法的规范性。至于这里的"基础规范"，则完全沦为修辞。这种"规范"化于无形，宛如空气，无处不在。它唾手可得，只要给它一个实在的容器，就能使它变成特定的形状：因为它只是一个思维习惯或范畴而已。凯尔森的确意识到，一种积极授权的规定，并不具有法律效果。[②] 作为基础规范实效原则、作为和平就是这样一类规范，因为它永远只是法律科学的事后解释、事后授权，是把既成的事实表述成应当如此的思维转换器；既然是事后的，它就不可能被违反。但

---

① 参见［奥］凯尔森：《法与国家的一般理论》，第130～131页。

② "在宪法上的禁止条文与规定今后法律一定内容的条文之间，有一个显著的技术上的差别。前一种条文按例具有法律效果，后一种条文却并不具有。如果立法机关发布了一个内容由宪法所禁止的法律，那就发生了根据宪法一个违宪法律所引起的全部后果。然而，如果立法机关只是不发布宪法所规定的法律，这就不大可能以法律后果赋予这样一个不行为。"参见［奥］凯尔森：《法与国家的一般理论》，第290～291页。

通过“规范”这种说法的修辞的效果，却可以在理论—逻辑上以非政治的方式，暗示并灌输一个本来具有鲜明政治立场的说法：不在人下，仅在法下（*non sub homine*，*sed sub lege*）。①

对于凯尔森一元的规范论来说，基础规范直接附着于某个身份的“补救”策略会造成上述破坏性后果。在其后期的著作中，“法—逻辑意义上的宪法”和“实在宪法”之间的区别消失了。基础规范的功能发生了转变：基础规范的“全部功能就是以创造法律的权力授予第一个立法者的行为以及以这第一个行为为根据的所有其他行为”。② 基础规范的授权对象从制宪者转移到了制宪者的行为上。这个转移非同小可。基础规范所授权的若是“行为”，那就意味着具有权威的不是制宪者，而是他行为的产物——实在宪法。基础规范直接附着在了宪法之上，成了宪法规范性的推定。基础规范的含义也就与其第一种含义相符。高于实在法规范系统的权威在第一次行使权威之后，看来就从此退隐，实在法的效力不再能够追溯到实在法规范秩序之外。唯有如此，法律等于规范的说法才能继续成立。

问题是，在基础规范可以附着其上的不同对象之间作出的这一理论选择，并无可以证实的实在根据。相反，它是根据不同的理论后果作出的。这便是我们可以确定的第二个决断。

① ［奥］凯尔森：《法与国家的一般理论》，第 38 页。
② ［奥］凯尔森：《法与国家的一般理论》，第 132 页。

第四章　基础规范的内容：作为法律的共同体

根据重述过的合法性概念，其中的基础规范设立的是一种终局性的身份—权威，但凯尔森最终否定了这一理论抉择。这一番理论推演的要点在于：为了解释"既判力"这种出于终局性的现象，凯尔森在其规范论中引入了不相协调的终局性因素，但又通过理论策略上的重新选择，将其掩盖了起来。这种既依赖又掩盖，进而加以排斥的做法，继续体现在他对作为宪法之基础规范的最低限度内容所提出的看法之中。对此，我们可以通过"作为法律的共同体"的问题，来加以检验。

一、法律共同体的标准

一个社会共同体，被认为只是一个调整那些从属该秩序的人与人之间相互行为的社会秩序；[①]易言之，共同体并不存在于现实的层面，它只是意指一套规范的体系。因为所谓"共同体"，就是说特定的人群具有某种共同之处。而照凯尔森看来，能够为人们所共有的，只能是一套客观的规范。[②] 对于与法律相关的问题来说，"除了法律秩序之外，就没有什么共同体"。[③] 如果还有其他社会秩序，例如，相关人群

① 参见［奥］凯尔森：《法与国家的一般理论》，沈宗灵译，中国大百科全书出版社 1996 年版，第 21、205 页。

② 参见［奥］凯尔森：《法与国家的一般理论》，第 111 页。

③ ［奥］凯尔森：《法与国家的一般理论》，第 122 页。

共享对道德问题的判断、对宗教的信仰,那他们就形成了道德共同体、宗教共同体;因为这些共享的判断,正好意味着一套相对于该共同体来说是客观的规范系统。

规范是一种特殊的意义,所以客观的规范体系即是客观的意义系统。那何为“客观的意义”呢?凯尔森解释道,假设立法机关颁布法律,该法律所针对的对象“应当”为特定的行为。如果该立法行为所规定的行为不但从立法者的角度出发被认为是应当的,而且从该立法行为针对的对象自身的角度出发也认为它是应当的,以及处在立法者与其对象之外的第三者也认为如此,那么“应当”为特定行为的规定在此就具有一种客观的意义。[①] 客观的就是被共同认识到的。法律就是这样一种可以借助事实而客观地加以验证的判断。[②] 也就是说,不论你是否接受法律,你总是能够认识到法律。政治上的无政府主义者否定任何权威,包括实在法的权威,但其前提就是认识到它们的存在。诸如何为正义这类道德性质的判断,则与此相反,仅仅是主观兴趣的表达。

但是,所谓客观的法律,果真就是法学认识可以认识到的那一系列漂浮在不可感知之世界的规范吗?[③]

在国家这个共同体的问题上,凯尔森否定了任何非法律的解释。一方面,某个国家作为特定的共同体既是特殊的,那就需要有与其他国家区别开来的要素。如果说国家是一个成员之间相互作用的社会实体,那就难以理解,在国际交往同样紧密,甚至比国内互动更为密集、更为频繁的那些方面,到底是什么原因使其区别于一个国内秩序的。[④] 类似地,

---

① Kelsen, *Pure Theory of Law*, trans. by Max Knight, Berkeley, Los Angeles, London: University of California Press, 1967, pp. 7 - 8.

② 参见[奥]凯尔森:《法与国家的一般理论》,第 53 页。

③ 凯尔森这里关于“客观性”的解释当然是不能令人信服的。因为认识到法律必须要有一个前提性的意志行为(或者说是兴趣上的表达、价值上的判断),否则,就不能分别哪些是法律,哪些仅仅是强盗秩序。

④ 参见[奥]凯尔森:《法与国家的一般理论》,第 206 ~ 207 页。凯尔森肯定了利益多元的状况。但多元的现实如何又能成为一个同一的共同体呢?凯尔森的回答就是通过法律实现的共同体。所以有作者认为,凯尔森的理论是对在多元现实中构建社会结构这一问题的一种形式主义回答。参见[英]韦恩·莫里森:《法理学:从古希腊到后现代》,李桂林等译,武汉大学出版社 2003 年版,第 346 ~ 348 页。这也属于当代自由主义的一种方案。

以权力支配关系来界定国家，也无法将那些不同于国家的支配与国家本身区分开来。[①] 唯有从法律秩序规定的角度，才能找到区分的标准。

另一方面，国家作为共同体既需由共同要素来构成，那么缺乏共同要素的，就不是共同体。凯尔森否认那种认为国家是共同意志或共同利益构成的社会实体的观点："断言一个国家的所有公民的意志、感觉或思想永久相同，是一个明显的政治虚构。"[②]只有对共同体所有人都有效的法律是共同的：没有社会学上的国家概念，只有法律意义上的国家概念，"国家是——集权化的——法律秩序"。[③]

根据这样一种共同体的概念，作为法律共同体的国家的标准就在于诸多法律规范构成一个统一的体系。具体而言，由于法律秩序的统一性就在于所有的规范可以追溯到同一个基础规范，所以起到维系一个法律共同体的作用的要素，就是它的基础规范，或曰实质意义上的实在宪法。

二、基础规范或宪法的最低限度内容

凯尔森强调，国家的组织虽然既可以是集权的，也可以是分权的，但作为共同体，它必须具有最低限度的集权。其中，"集权"的意思指的是规范对整个共同体有效，如全国性的法律；"分权"指的是规范对共同体的特定部分有效，如地方性法规。凯尔森写道，法律共同体若非拥有这最低限度的集权：

> [它]就会瓦解。至少一个规范，即基础规范，一定是一个中央规范，一定是对全部领土都是有效力的，否则这就不是一个单一法律秩序的领土了，而我们也就不能讲分权是同一法律秩序的领土划分了。[④]

① 参见[奥]凯尔森：《法与国家的一般理论》，第209～210页。
② [奥]凯尔森：《法与国家的一般理论》，第207页。
③ [奥]凯尔森：《法与国家的一般理论》，第212页。
④ [奥]凯尔森：《法与国家的一般理论》，第338页。

所以,可能存在这样一个国家,在其中,单单宪法,也就是规定立法的规范才是对全部领域有效力的中央规范,而所有其他层次(立法、行政和审判)在所有事项上都是分权的。① 宪法当然也可以在一定程度上决定未来法律的实质内容,但只有决定立法机关和程序的内容,才是它必备的。② 一部宪法可以仅仅是规定立法程序的宪法。假如一个这样的国家分成若干的部分,如若干的州,那么只要有一部共同的宪法规定,各个州在各自的范围之内都拥有完全的管辖权,但必须以民主的方式组织各自的立法机关,必须以其立法机关的简单多数作为法律生效的标准,那么它们就构成一个共同体,即同一个国家。或者,也许这部宪法只需规定各个州必须以自己的方式组成立法机关,其法律只对本州有效,就可以了。在这种可能性中所缺失的,正是在整个共同体范围内的某种最终的身份—权威。

因此,在凯尔森看来,世界同样也构成一个不折不扣的法律共同体。它的基础规范普世有效,各个国家法律秩序的效力都是从国际法上获得的,而国际法的效力则要追溯到它的基础规范。国际法的基础规范恰恰就像我们所列举的后一种情形:每个国家以自己的方式组成立法机关。

不妨假定,的确存在这样一种在最大限度上分权的国家。有可能存在一系列非常奇特的社会学因素,可以支撑起这样一种制度。一个原始法律秩序既然可以在没有特定的立法、司法、执法机关存在的前提下自动运转,为什么不可以想象国家的各个部分领有各自的权力范围而和睦相处呢?只要在实效的层面真的出现了这种情形,对外,它们只以一个国家的身份出现,对内则多元并存;而且在对外问题上,各个州都总是能够自动地作出相同的决定,那么它们也就只需一个名义上代表国家的元首就可以了。

但该国家的各个部分在需要一致行动的问题上总是能够做出相同决定的可能性几乎是没有的,更何况部分法律秩序并存的局面就立

① 参见[奥]凯尔森:《法与国家的一般理论》,第338页。
② 参见[奥]凯尔森:《法与国家的一般理论》,第142页。

即带来相互之间关系的问题，就如国与国之间必然产生国际关系的问题一样。争端必须终结，[①]否则就不存在国家这样的共同体。但争端如何终结？

凯尔森当然清楚，争端必须由一个实在的裁决者来终结。[②] 这个裁决者要么是争议双方的其中之一，要么是一个更高的第三者，而且这必须是一个决定者，而不是单纯的规范。[③] 空洞地谈论说，两个规范性秩序若要构成统一体，只能是其中之一从属于另一秩序，或者两者共同从属于第三个更高的秩序，那是不能解决问题的。[④] 因为很显然，如果单纯规定立法程序的宪法并未设立这样一个机关，这部宪法的规范本身是不能结束争议的：规范恰好意味着争端，所有的诉讼，也就是所有的法律争议，正是由于规范才产生的。[⑤] 而在相关问题上产生的规范争议恰恰说明，假如缺乏一个能够结束争议的终局者，那么在此就不能恰当地说，存在调整共同行为的法律规范。[⑥] 说来颇为令人惊异：规范需要非规范的终局因素才能存在，才能"有效"（而不仅仅是有"实效"）。因为在无法确定规范规定了何种具体内容的时候，就根本没有理由指明"有效的"到底是什么。在这样的情况下言说"有效的"规范，与神学家刻画上帝的属性的做法，同属一类。

基础规范必须附着在一个最高机关之上才可能存在国家。所以对于国内法秩序而言，基础规范的最低限度内容，不能是一套规定各

---

① 参见［奥］凯尔森：《法与国家的一般理论》，第 174 页。

② 参见［奥］凯尔森：《法与国家的一般理论》，第 174 页。

③ 我们可以以某些国家的行政法院系统与普通法院系统之间的关系问题来说明。例如，在比利时和意大利，行政法院和普通法院管辖权的争议，由普通法院中的最高法院决定；而在法国，曾经由国家元首决定，后又通过两个系统的联合机构决定（这还是一个更高的第三者），现行的制度则是通过一个由两个系统的最高法院之同等代表组成的权限争议法庭来解决争议。参见王名扬：《法国行政法》，中国政法大学出版社 1988 年版（1997 年第 2 次印刷），第 558 ~ 559 页。

④ 参见［奥］凯尔森：《法与国家的一般理论》，第 407 ~ 408 页。

⑤ 关于事实争议的问题，暂不考虑在内。

⑥ 比较一种否定规范及其适用之间的二分法的"实用主义"思路。这一立场主张规范的同一性与规范的适用之间具有"构成性的交互作用"。参见［美］弗兰克·米歇尔曼：《宪法解释的分歧问题："适用商谈"于事有补吗》，杨立峰、应奇译，包利民校，载应奇、刘训练编：《公民共和主义》，东方出版社 2006 年版，第 237 ~ 274 页。

个组成部分立法程序的共同有效的规范,而是一个最高机关或一套行使最终决定权的机构系统,且不论这个机构或系统具体是如何组织的。唯有实在性方可结束争议,唯有实在性才构成法律的状态。法律就是定分止争,而能够定分止争的,只能是某种实在性的事物。因此,在法律的概念,也即基础规范的内容中——如果我们仍然保留这个术语的话——至少要把这种实在性包括进来。这种实在性就是终局性的因素。共同体的统一性系于其终局者。

第五章 基础规范的内容：法律的概念

换个角度看，基础规范的最低限度内容问题，实质上就是法律的概念问题。因为法律的概念阐明法律的构成性要素，这些要素必须反映在这一最低限度的内容之中。为此，我们继续考察基础规范对法律之概念的规定。

在设定合法性概念的时候，凯尔森强调：规范的表述不是"如果有人杀人，就应当受罚"；正确的形式应该是，"在一个专门程序中，如果，此人在其最后陈述当中被认定曾经偷盗、杀人，他将受到惩罚"。（如果将这里的规范陈述进一步抽象化，我们就可以获得基础规范的表述形式。）此时，最后的程序从而最后的机关[①]乃是法律陈述形式"正确性"的要素。但这些"正确性"的要素却带来规范性与实在性之间的二分关系所无法解释的现象，也就是"终局性"在法律世界的关键地位。所以，基础规范设定的法律的概念，[②]又把这些"正确性"要素扫地出门。因为，正如下文将要表明的，作为强制的法律这一概念，不需要机关或

---

① 必须注意：最后的程序当然就意味着最后的机关。

② "基础规范本身一定表示了实在法的强制性。"因而基础规范的公式是："在最高权威规定的某些条件下，将在最高权威所决定的形式下适用强制。"参见［奥］凯尔森：《自然法学说与法律实证主义》，沃尔夫冈·赫伯特·克劳斯英译，沈宗灵中译，载［奥］凯尔森：《法与国家的一般理论》，沈宗灵译，中国大百科全书出版社 1996 年版，第 443 页。尤其注意，这里所谓的"最高权威"无非是指最高的规范，因为对凯尔森来说，"权威原先是一个规范性秩序的特征"，只有规范性秩序才是"最高权威"。参见［奥］凯尔森：《法与国家的一般理论》，第 419 页。再者，所谓"秩序"，在凯尔森那里，只是指"许多规则的一个体系"，参见［奥］凯尔森：《法与国家的一般理论》，第 3 页。

程序作为它的定义项。在此,存在一个理论上的错位:[①]为了正确地陈述法律,必须考虑到它的最后陈述这一要点,可是为了得出一个正确的法律概念,又必须将这一最后陈述的问题忽略不计。

一、法律之为强制:对终局性问题的排斥

法律是一种强制秩序。[②] 这是从静态结构上使法律区别于道德的一个标准。凯尔森认为,从本性上说,要求人们自愿服从的道德规范本身是不规定强制的。法律规范规定的是:如果一个人杀人,那法律秩序所决定或曰规定的另一个人就应对杀人者适用法律所规定的强制措施。而道德规范则使自己限于要求"汝不得杀人"。[③] 但事实上,道德规范与法律规范,同是作为规范,适用同样的"归责"概念。道德规范也可以被表述为:杀人行为应当被给以否定的评价或谴责。[④] 所以道德规范与法律规范的结构完全相同。而且,谴责或者褒扬都属于强制,尽管是心理学意义上的强制。道德规范运用作为直接动因的自愿服从技术,[⑤]但这并不能否定道德规范的强制特征。

所以凯尔森的说法应予修正。说强制是法律的标准,意思只是说法律运用特种强制技术,即法律最终是以暴力或武力的运用作为保证的:违反其意愿剥夺所有物,必要时使用武力。[⑥]

选择"强制"的类型差异来界定法律与道德,需要有进一步的理由加以说明:法律与道德在其他方面没有差别,至少没有质的差别——某

---

① "错位"(*décalage*)的概念取自阿尔都塞,参见[法]阿尔都塞:《论"社会契约"(错位种种)》,陈越、赵文译,载陈越编:《哲学与政治:阿尔都塞读本》,吉林人民出版社 2003 年版,第 289 ~ 290、292、296 页。

② 参见[奥]凯尔森:《法与国家的一般理论》,第 19 页。

③ 参见[奥]凯尔森:《法与国家的一般理论》,第 20 页。照此,"欠债还钱,杀人偿命"这一规范的后半部分,也属于法律规范了!

④ "例如:道德命令说,假如某人需要帮助,他就应当得到帮助;假如某人遵守这个命令,他的行为就应当得到赞许;假如他不遵守这个命令,他的行为就应当受到非难。" See Hans Kelsen, *Pure Theory of Law*, trans. by Max Knight, Berkeley, Los Angeles, London: University of California Press, 1966, p. 93.

⑤ 参见[奥]凯尔森:《法与国家的一般理论》,第 15 ~ 16 页。

⑥ 参见[奥]凯尔森:《法与国家的一般理论》,第 18 ~ 20 页。

些程度上的差异只关乎“量”的问题,如此等等。

既然道德适用自愿服从的技术,道德就将每一个人构造成道德人,原则上,每一个人都是道德的“机关”:每个人将道德放在自己的手中。即便如此,道德还是能够形成一个秩序,因为“事实上,很多人的价值判断是一致的”。[①] 在此,我们便遇到“褒贬赏罚皆由道德出”,但却并没有一个统一的适用机关的情形(分散的垄断)。除非这一点不属于道德的特质,而为道德与法律共同所有,否则我们就不能不考虑将“每个人都将道德放在自己的手中”作为道德与法律之间的区别要素。[②] 必须证明“每个人都将法律放在自己的手中”[③]的状态也是可能的,从而证明,例如国家法律秩序具有集中的适用机关这一现象(集中的垄断),不属于法律概念的定义项。

凯尔森援引原始法律秩序作为例证。[④] 一个既无特别的立法机关,也无特别的司法机关的社会,可以是一个法律的社会,因为在其中,武力的运用都是以被行为人预定的(法律)规范——例如血亲复仇这样一条规定了强制的规范——为根据的:“礼乐征伐皆从法律

---

① [奥]凯尔森:《法与国家的一般理论》,第 8 页。

② 比较一下麦考密克的观点,因为麦考密克选择了凯尔森所说的“集中的垄断”作为法律与道德之间的区别标准:法律是制度化的、权威性的以及他律的;道德则是个人性的、有争议的,以及论辩性的、自律的。Neil MacCormick, “*The Concept of Law* and The Concept of Law”, Robert p. George, ed. , *The Autonomy of Law: Essays On Legal Positivism*, Oxford: Clarendon Press, 1996, p. 164. 关于道德的自律与论辩特征,麦考密克写道:道德的“判断属于每个人的合理意志,属于他们深思熟虑的意志。针对出现在我们面前的、在实践上具开放性的道德问题,我们必须在细予反思之后,自己得出最终的结论。道德的慎思,要求每个利益相关者的倾听,并且对于每个人的观点与论据,人人都处在无强制的平等地位,以便确保每一个相关的观点与原则都能得到考虑与审慎的权衡,在这个意义上它是论辩性的。论辩的性质意味着我们必须仅仅以合理的辩论作为结论的基础,而不是通过简单的教条权威来获得一个结论。而且,道德论辩不可以诉诸压倒性的权威,因为道德自律排除了对权威的诉求。”Neil MacCormick, “*The Concept of Law* and The Concept of Law”, Robert p. George, ed. , *The Autonomy of Law: Essays On Legal Positivism*, p. 167. 当然,在这个问题上,最有代表性的还是商谈伦理学的“理想言谈情境”的观点。参见[德]哈贝马斯:《在事实与规范之间——关于法律和民主法治国的商谈理论》,童世骏译,生活 · 读书 · 新知三联书店 2003 年版,第一章;[德]尤尔根 · 哈贝马斯:《交往行为理论》(第 1 卷),曹卫东译,上海人民出版社 2004 年版,第 22 页以下。

③ [奥]凯尔森:《法与国家的一般理论》,第 372 页。

④ 参见[奥]凯尔森:《法与国家的一般理论》,第 372 ~ 373 页。

规定出。”凯尔森在这个意义上提到对武力的“垄断”是法律的一个特征。[①] 因为所谓的“垄断”无非就是指,武力只有根据一个规范秩序的规定才是被许可的。[②] 所以,“垄断”在技术上,也就是在它的机关组织方式上,既可以是集中的,也可以是分散的。[③] 技术问题无非是一个程度问题。道德秩序同样是一种对心理强制的分散的垄断。垄断这一特征并非为法律所独有。

我们应当在“是否应当适用强制”的问题与强制实际上得到适用之间作出谨慎的区分。假定我们承认存在所谓的“原始的法律秩序”,这个例证也忽略了原始法律秩序或曰习惯法秩序作为一种社会组织类型,与现代国家法律秩序之间的一个重要的共同点。习惯法秩序这种类型并非一种缺乏“终局性”的状态。“每条习惯都交于每个人的手中”这种说法并不准确,相反,习惯法只能交于习惯,也就是交于事实上共同行为的规律性,因为习惯作为法律,绝不是单个人的习惯,而是被共同反复践行的行为规则;从另一个方面说,习惯作为习惯性的法,是交于共同意识的。[④] 共同行为与共同意识缺

---

① “法律的和平并不是绝对没有武力的无政府状态,它是共同体垄断武力的状态。”参见[奥]凯尔森:《法与国家的一般理论》,第22页。注意:凯尔森用“没有武力”来定义无政府状态。这与契约论者,至少与霍布斯的做法相当不同。

② “如果一个社会秩序规定,强迫行为只能在其所决定的某些条件下并由其所决定的某些个人作出,而且如果我们把这些个人看作该社会所构成的共同体的机关,那么,我们可以说,该社会秩序将武力的使用保留于共同体。这样的社会秩序就确立了共同体的武力垄断。”[美]凯尔森:《国际法原理》,王铁崖译,华夏出版社1989年版,第11页。

③ [美]凯尔森:《国际法原理》,第11页。

④ “在最广泛的意义上讲,法律仅仅是反复出现的、个人和群体之间相互作用的模式,同时,这些个人和群体或多或少地明确承认这种模式产生了应当得到满足的相互的行为期待。我将称其为习惯法或相互作用的法律。这种法律的概念包括两个方面,每个方面都对应于传统的习惯观念的一个侧面。一个因素是对行为的实际规则。另一个层次是正统性:权力与义务感,或者是那种把已经确立的行为模式于社会生活的正确秩序观念以及大而言之的宇宙秩序观念相等同的趋势。”“对于习惯法来说,事实上发生了什么的问题从来不能与应当做什么的问题明确区分开来。”参见[美]R. M. 昂格尔:《现代社会中的法律》,吴玉章、周汉华译,译林出版社2001年版,第46页。比较:“民族的共同意识(the common consciousness),乃是法律的特定居所。”参见[德]弗里德里希·卡尔·冯·萨维尼:《论立法与法学的当代使命》,许章润译,中国法制出版社2001年版,第9页。萨维尼的这个论断对这里的习惯法类型尤其适用。不过,这个论断是有其普适性的。即使凯尔森,也在将实效作为效力条件的做法中,暗中肯定了这个论断,只不过说法不同罢了。

一不可。共同行为更进一步界定了共同意识：习惯共同体就连在具体问题的判断上，也必须具有某种一致性，也就是说，不但对规则的一般性表述是共同的，而且对具体情景的解释、个案的判断都具有一致性。所以，强制的适用可以是分散的，但对是否应适用强制这个问题的判断，需有某种形式的集中，而集中则产生终局判断，产生终局性。

成员的高度同质性，是习惯法秩序的条件。一旦这一条件丧失，习惯法秩序就必须转化——假如还要维持某种共同体的话。① 正是成员的同质性、共同判断与行动的可能性这样一些“集中化”的技术条件，创造出了某种“终局性”：在原始法律秩序，法律“自动”地运作，只是因为每个个人的判断同时就是共同的判断，判断的一致性就产生了终局的判断。与现代国家法律秩序相比，原始法律秩序的差别不在“终局性”本身，而在于条件的不同，从而达到终局性的技术手段也不相同。

若是像凯尔森那样将现代国际法秩序冠以“原始”法律秩序之名，②那近乎是时代的错位。国际秩序绝不像一个原始社会，因为它的成员之间并无那种高度的同质性。“武力的垄断”作为法律的特征，意味着只有根据预定的法律规范而使用武力才是被许可的。但如果“根据法律”这一有关合法性的判断，没有一个最终的判断来加以确定的话，那就连法律是否存在都会成为问题。③ 在分散的情况下，从每个人的主观立场出发，都可以形成一套特有的、用来作为分配武力使用之标准的规范体系或者解释；在此，武力的使用是否就为每一套体系所“垄断”？没有一套客观的规范秩序，又如何谈论秩序的垄

---

① “实在法得以产生的关键条件就是人们所说的共同体的解体。”参见［美］R. M. 昂格尔：《现代社会中的法律》，第 58 页。这里所谓的“实在法”特指以公式化的行为准则作为表现形式的法律。

② 参见［奥］凯尔森：《法与国家的一般理论》，第 373 页。

③ “如果对在一定情况下，是否有不法行为的问题并无一致的回答，那么，关于作为一种反应而进行的战争实际上是否是一个‘正义战争’，这一战争的性质是制裁还是不法行为的问题，也就没有一致的回答。”参见［奥］凯尔森：《法与国家的一般理论》，第 371 页。凯尔森将这一论据视为“最有分量的反对意见”。

断？——幸好，那些我们并不十分了解的初民，似乎没有我们现代人这样严重的主观主义。除非陷入类似自己所批判的正义的主观主义，否则纯粹法学将无法维持分散的垄断这种奇怪的概念。[①] 可以分散的，只是对强制的适用。在对法律问题的判断上，并无分散的垄断，有的只是将对法律的判断予以集中化的不同的技术；而且恰恰是在这一集中的前提下，才有可能在次要的意义上言说分权的问题，要不然，统一法律秩序就会解体。就此而言，法律并不是对强制的垄断，而是判断权的垄断："礼乐征伐自天子出。"[②]没有这样一种对判断权的垄断，那有的将只是无休止的争吵，而缺的恰恰是法律。垄断可以区分为判断权的垄断与执行具体判断的垄断，而若要存在统一的秩序，前者就不可能是分散的。所以垄断，既可以是集中的，也可以是分散的，这其中的模糊性质，正是与前一个"错位"相呼应的另一个"错位"。

二、基础规范学说的第三个决断及其第一个后果（肯定民主）

将法律界定为强制，是选择强制类型的差异来区别法律与道德的结果；只有通过"分散的垄断"这个说法，法律才有可能以强制作为定

---

① 凯尔森描绘了一幅法律进化的图景，并且认为国际法完全有潜力从分散的垄断走向集中垄断："只有在这样一种进化能被承认为不可避免时，在科学上才有理由宣称正义战争学说是国际法唯一正确的解释（引者按：这就是说，唯有如此，国际法才能被视为是法律，分散的垄断才会是法律的状态）。然而，这样一种假设反映了政治的愿望而不是科学的思维。从一个严格的科学观点看来，国际关系的一种截然相反的进化并不是绝对地排除的。战争在原则上是一个不法行为，只有作为制裁才被容许，只是国际关系的一种可能的解释，但并不是唯一的解释。"参见［奥］凯尔森：《法与国家的一般理论》，第 375 ~ 376 页。

② "国家主权的本质正在于此，它必须在法理上正确地界定为对决定权的垄断，而不是对强制和统治的垄断。"［德］卡尔·施米特：《政治的神学：主权学说四论》，刘宗坤译，载卡尔·施米特：《政治的概念》，刘宗坤等译，上海人民出版社 2004 年版，第 10 页。正文中所用"天子"一词，当然不是在鼓吹什么专制政体。"天子"在此只是为了与道德、法律规范这些"规范"形成一个对照，因为天子作为人身，与规范处在最鲜明的对比当中。它代表的是在存在层面上同质化的共同体——或者是一个人身（请比较"代表"的观念），或者是多少与初民社会可以一比的共同体。

义标准,虽然并非必然如此。[①] 这一选择的理由之不能令人信服,一如上述。如果我们再追究"作为强制的法律"这个概念的理论后果,我们当可更为清楚地发现这一法律概念所具有的决断性质。其后果之一与民主问题相关。凯尔森通过强制概念的对立面,即自由的概念,铺展出了"科学的"民主理论。换言之,将法律界定为强制,只是为提出调和强制与自由之间的关系问题,从而为自由主义式民主的主张提供理论上的契机。

关于国际法的基础规范的见解,其实已经隐含了民主的最高性,只不过这里的民主当然只是指特定的规范。"各国应当像它们习惯地行为那样行为",这无非是说,民主是国际法的基础规范。因为习惯,归根结底,就是一种以分权的、民主的方式创制法律的方法。[②]

强制与民主之间的理论推演,颇为复杂。强制与自由相对。言说强制者,往往是在言说自由,反之亦然。为了理解法律之为强制的意义,也需要认真地考察一下凯尔森独特而复杂的自由观。

一方面,自由绝不在自然世界存在。凯尔森断然否定了"自由意志"。因为天地间一切事物,凡是现实存在的,诸如意志这样一种心理学上的能力或现象,都无所逃于因果法则的必然性束缚。在这个意义上,供意志作选择的选项的多寡,与自由并无关系。因为不论选项多寡,意志都是受决定的。如果以选项数量作为自由标准,那就不妨以这样一个公式来表达

---

① 例如,富勒反对将强制作为定义法律的要素,其理由是:"可以想见的是,社会中必须常规性地存在某种机制,以便在必要时使用暴力来支持法律。但这并不能证明将暴力之使用或潜在使用当作法律的标志性特征是正确的。……法律为了实现目的而必须去做的事情同法律本身是完全不同的。"参见[美]富勒:《法律的道德性》,郑戈译,商务印书馆2005年版,第127~128页。

富勒将法律界定为一项使人们服从规则之治的事业。参见[美]富勒:《法律的道德性》,第124~125页。这是从目的(使人服从规则)的角度下的定义。从这一目的出发,法律就必须具备若干特征,作为这项事业可能性的条件。这些条件(富勒列举了八项),盖言之,都反映了互惠性的要求。富勒对资本主义制度颇为自信,因为他认为,义务观念之最佳实现的三项条件(互惠性、互惠的等价性、充分的流动性)"在一个由经贸人士组成的社会中",最容易得到满足。参见[美]富勒:《法律的道德性》,第28~29页。

② 在凯尔森看来,习惯事实上就是一种民主的创造法律的形式,因为它是以一种实在的虽然是不自觉的自治为基础的。参见[奥]凯尔森:《法与国家的一般理论》,第342~343页。

自由的概念：自由等于我能。① 与之相对的是物理意义上的无能。在自然世界中无所谓自由。

但另一方面，凯尔森认为，说一个人在道德或法律上是自由的却是有意义的，其意思就是说，这个人是归责的终点或曰目标点：规范将责任（奖赏或惩罚）归诸他的行为与他本身。②

传统的方案是，只有人是自由的，也即他有能力遵守规范，但他却违反了规范，所以他才受到制裁。但凯尔森的理论则倒转过来。人是否能够遵守规范，是一个受经验法则决定的问题。一个人守法也好，违法也好，都是由特定的因果链条导致的结果。法律规范包含的是一系列平均化的环境条件，和一种平均化的人。处在这些平均化设置之外的因素或人身条件，则决定那些环境下的人会违反法律规范。③ 人不可能在这一意义上是自由的。相反，当制裁被归之于人的时候，法律规范就已经预定人是自由的。自由是由规范所规定的，而不取决于人实际上的性质如何。因此，自由乃由规范所预设、所创造，规范将人构造为自由的："人们并非由于某人是自由的而归责于他，相反，个人是自由的，那是因为人们将制裁归于他的行为。"④所以，恰恰因为规范施加强制于人，人才是自由的。⑤ 自由是规范的派生物。自由在这

① 例如，霍布斯就是以此来界定"自由"概念的："自由（按定义来说）不过是缺乏对运动的阻碍。……所有人都或多或少有自由，因为他或多或少有行动的空间。甚至一个被关在大监狱的人也比被关在小监狱的人的自由要多点。……从这个意义上说，所有奴隶和臣民都是自由人，他们并没有被带上镣铐或投入监牢。……一个人能够进行运动的方式越多，他所有的自由就越多，而这就是公民的自由之所在。"参见［英］霍布斯：《论公民》，应星、冯克利译，贵州人民出版社 2003 年版，第 97 页。

② Kelsen, *Pure Theory of Law*, p. 94.

③ Kelsen, *Pure Theory of Law*, p. 97. 根据实效是效力之条件的规定，这种超出平均化水平的情况，必须保持在适当的限度之下。当然，人的理性有限，不可能使所有超出平均水平的因素都被预料到；而另一方面，法律规范的一般性特征，又必定使在平均水平之外的一些因素不被规范考虑到。就这一点来看，凯尔森全然是一个机械—技术主义者。

④ Kelsen, *Pure Theory of Law*, p. 98.

⑤ "责任是自由行为的必要性，这是从自由行为与理性的绝对命令有联系的角度来看的。"参见［德］康德：《法的形而上学原理——权利的科学》，沈叔平译，商务印书馆 1991 年版（2001 年第 3 次印刷），第 24 页。虽然论证的要旨相同，但康德的用意与凯尔森不同，他是要通过责任来证明道德人（自由人）这个超验体的存在。由于道德人，即作为目的的人（自由）是超验的，所以，康德不能从自由来证成责任，相反，他以责任现象的存在来说明，自由是一个必然的悬设，唯此，责任才有可能。参见［德］康德：《实践理性批判》，邓晓芒译，杨祖陶校，人民出版社 2003 年版。

里就等于规范规定我有能力。我们不妨将其称为法律思想世界之内的自由本体论，它解决的是法律人在规范上看是自由的，这与经验意义的人的不自由，并不矛盾。

凯尔森还在另一个意义上——甚至可以说在与本体论的自由相反的意义上——使用“自由”这一术语。本体论的自由在于受到规范的规定，而在这里，凯尔森却会说，当规范以“应当”这种必然性的方式创造出强制的时候，也在同时创造出了自由：在规范没有予以规定的地方，人就是自由的。自由指规范的阙如，也就是不受规范的规定，所以它也不与自然法则相违背。凯尔森肯定自由观念最初具有的，就是这样一种纯粹消极的含义：没有任何使人负担义务的权威。① 凯尔森所谓的“权威”，并不是某个人身，而是指一套规范体系或规范秩序：物质的力量，譬如某个强者，作为一个纯粹的自然现象，永远不可能是权威。② 自由绝不在于与物质力量的对立。说一个人在法律上是自由的，意思就是法律在相应的方面，没有作出规定。③ 道德上的自由也可依此类推：道德上的自由即是道德规范的阙如。在此，自由等于我不必，与之对应的是我应当。

由于凯尔森在运用“强制”一语的时候，未曾像特别指出规范与规范观念的区别那样，指出该词不同的所指，所以，“自由”在凯尔森那里还有第三层含义。

“强制”首先指的是认识—思维的对象，而非经验上可感知的现

---

① 参见［奥］凯尔森：《法与国家的一般理论》，第 316 页。哈耶克也类似地通过一定程度的语源学考察，认为自由最初是一种消极的意义，即“独立于他人的专断意志”。他认为他所采用的“确获保障的私域”这一自由概念，正与原初的自由概念相一致。但哈耶克举出的例子却模棱两可。自由人与奴隶的分别是身份上的，自由最初是一种身份。城邦里的自由民首先是作为积极意义上的自由民，即参与城邦政治事务的公民。相反，对他人专断意志的独立只是程度上的差别。哈耶克的论述，参见［英］弗里德利希·冯·哈耶克：《自由秩序原理》（上），邓正来译，生活·读书·新知三联书店 1997 年版，第 4～5 页。

② 参见［奥］凯尔森：《法与国家的一般理论》，第 419 页。这与著名的卢梭命题一致：“强力是一种物理的力量，我看不出强力的作用可以产生什么道德。向强力屈服，只是一种必要的行为，而不是一种意志的行为；它最多也不过是一种明智的行为而已。”参见［法］卢梭：《社会契约论》，何兆武译，商务印书馆 1980 年版（1997 年第 8 次印刷），第 13 页。

③ 参见［奥］凯尔森：《法与国家的一般理论》，第 85 页。

象。在此,强制只是规范的另一种表达式,它就是规范的属性:规范以必然的方式规定制裁(sanction,赏罚、非难或褒扬),即规范意味着“应当制裁”。规范是一种强制,其含义之一,即是此谓。

但如果强制不同时也是经验上可感知的对象,人们就无法将其表象为强制。人人都自愿自动奉行的行为方式,很难说有法律意义上的强制存在——这样一种状态,也根本不需要有法律。[①] 法律的强制必须同时作为对意愿的违反,即能够在感官上被感知,才能被表象为强制。否则强制云云,就不知所谓。在这个意义上,强制就是违背意愿。相应地,自由就等于我愿。[②] 这个具有经验意义的自由概念,进一步在方法论的层次上,偏离了本体论的自由概念。但它仍然不是说,人可以脱离自然法则的支配。

不同的自由概念,具有不同的理论后果。

比较而言,一种以选项多寡作为标准的自由概念,与政体形式没有直接的关联。尽管任何障碍同样都是对该意义上的自由的削弱,但自由却可以以一个或大或小的范围存在。它在概念上先于规范或强制。后来附加的规范或强制,只是在程度上削弱了它。当然,根据契约论的传统,恰恰是为了维护自由,需要在一定程度上削弱自由,即需要一定程度的强制,作为自由选择范围的保障。作为我能的自由与政体之间的关系问题在于:某种创设强制的组织形式是否能够,以及在多大程度上能够保障一个足够广泛的选择范围。这就成了一个经验问题。政治自由,也就是公民对设置强制的立法行为的参与权问题,与选择范围在多大程度上能够确获保障的问题,并无直接的概念上的联系。不能排除这种可能性:一个专制国家,否定臣民的任何政治自由权,却仍然可以存在臣民的广泛自由。开明专制甚至使其成了历史现实,不论其程度究竟如何。自由政体的支持者与专制政体的鼓吹

① 参见本书第二章第二部分注释中有关规范与自然之“关系”的表格。

② 凯尔森自己并没有区分出“我不必”与“我愿意”这两个自由概念,而是将它们等量齐观,视为同一,严格说来,这是一个疏忽。前一个概念仍然具有规范的、认识的属性,后一个概念则属于自然。

者,曾经为了这同一个自由的目的而争吵不已:何种政府形式最能保障个人的自由?[①] 政体形式与自由之间所具有的是量的关系。

但凯尔森的强制—自由这个对子,却很特别。强制既是应当,又是强迫;而自由既在于被强制,又在于没有强制,还在于为我所愿。这是我们能够确认的第三个"错位",其间的关系,却相当微妙。

本体论的自由从概念上肯定强制,自由只是被强制或曰规范预定的。照此,没有规范—强制的状态,根本无所谓自由。但凯尔森又将规范的阙如状态视为原初意义上的自由的栖身之所,即在自然状态下,存在自然的自由(freedom)。[②] 所以,自由又从概念上否定强制。这种在理论上相互否定的矛盾状况,恰恰行使一项重要的功能:理论自己的困境为自己创造独特的问题,并从而寻求自己的特殊的解决途径;而特定理论之中具有关键意义的,就是这种为自己制造独特问题的问题发生机制。在此,凯尔森的具体问题是,如果从科学思维上严格界定的自由唯有在规范或强制状态下才是可能的,那么处在自然状态下的自由对规范或强制的否定必须经过一种稀释或变形(metamorphosis),才能在与前者不抵触的情况下,在一定程度上得到保留。这就设定了提问的方式:人们不能问,在强制之外还有多少自由被保存下来;能问的只是:强制如何仍然能够被认为是自由的,也就是说,作为规范之阙如的自由,如何才能与强制相调和。[③]

秘密就在凯尔森的第二、三两种自由概念之间的关系之中。如果一不留神为规范上的"我不必"赋予一种经验意义,那么两者就能够被

① 参见[英]昆廷·斯金纳:《自由主义之前的自由》,李宏图译,上海三联书店2003年版。

② 参见[奥]凯尔森:《法与国家的一般理论》,第316页。

③ 请比较卢梭的提问方式:社会契约论的难题就是,"要寻找出一种结合的形式,使它能以全部共同的力量来卫护和保障每个结合者的人身和财富,并且由于这一结合而使每一个与全体相联合的个人又只不过是在服从自己本人,并且仍然像以往一样的自由。"参见[法]卢梭:《社会契约论》,何兆武译,商务印书馆1980年版(1997年第8次印刷),第23页。凯尔森运用下述有关自由观念变形的论说,所要解决的问题正是这个卢梭式的问题:如何可能既从属一个社会秩序(秩序意味着规范体系,也就是强制体系),又仍然自由。参见[奥]凯尔森:《法与国家的一般理论》,第316页。凯尔森在本页注释中也援引了卢梭的这段话。因而,卢梭与凯尔森的论题,不是将同质的自由献出一些,以保住另外一些,而是自由概念在质上的转化。

等同对待:自由等于任意。没有规范的状态就是我不受约束的状态,也就是随我所愿的状态。所以,作为规范之阙如的自由能够实现一种转化:它首先从规范的层次下降到经验的层次,成为任意,然后,假如强制由我自己所制定、为我自己所意愿,那么,尽管任意的程度被降低了——通过任意否定任意——但任意仍旧被保存下来。这一转化或变形①的结果是:自然状态下的自然的自由,转变成了设定强制、制定规范的自由,也就是政治的自由权(liberty)。② 所以,人们可以在凯尔森的意义上说,(作为任意的)自由创造(本体论上的)自由,即创造规范。对凯尔森来说,“自由观念的这种变形对我们所有的政治思想来说都是无比重要的”。③

自由经过变形,直接被等同于政治自由;自由通向民主。凯尔森的自由概念最终与特定的政体形式具有直接的关联。而这一后果,恰恰是由法律作为强制这个定义导致的。

三、第二个后果(否定主权)

第二个理论后果与国际法以及主权问题有关。通过将法律的标准限定为强制,国际法就可以被认为是不折不扣的法律秩序。

---

① 变形(metamorphosis)同时也意味着退化。但这也是无可奈何之事。从自然的自由到自决原则,一般性地引入了规范这种强制因素。因为作为我愿的自由或曰任意所身处其中的状态只能是无政府状态。任意与政府状态相悖。进言之,在复杂的社会条件下,直接民主具有很难克服的技术障碍,所以自决原则又蜕变为代议制政府。如此等等,每一次变形都意味着自由的削弱。关于这个论题,不遑详述,请参见[奥]凯尔森:《法与国家的一般理论》,第316~324页。

② 请比较卢梭的“天然的自由”与“社会的自由”概念:“人类由于社会契约而丧失的,乃是他的天然的自由以及对于他所企图的和所能得到的一切东西的那种无限权利;而他所获得的,乃是社会的自由以及对于他所享有的一切东西的所有权。”参见[法]卢梭:《社会契约论》,第30页。另外,洛克也用到“自然的自由”(*natural freedom*)这个概念。参见[英]洛克:《政府论下篇——论政府的真正起源、范围和目的》,叶启芳、瞿菊农译,商务印书馆1964年版(2005年第12次印刷),第38页。英文原文参见洛克:《政府论两篇》(Locke, *Two Treatises of Government*, Peter Laslett ed.),中国政法大学出版社2003年版影印本,第308页。凯尔森若不首先将作为规范之阙如的自由概念从规范的层次“下放”到经验的层面,他的所谓“变形”势必不可能实现。

③ [奥]凯尔森:《法与国家的一般理论》,第316页。

事实上，国际法的法律性质在整个纯粹法学中具有根本地位。如果国际法不是法律，那法律科学就达不到知识统一性的要求——各个单独的国内法律秩序分别存在，彼此封闭，在概念上互不相关；这样，它就不得不承认，不同的规范秩序可以同时有效、并列存在，同时又没有互相的隶属关系，也没有更高的统一秩序。如此一来，纯粹法学的法律实证主义关于法律与道德的辨析，也会随之统统落空。它将不得不承认法律与道德、实在法与自然法也可能是同时并存、同时有效的规范体系，不得不承认相互矛盾的规范却可以同时有效：甲可以既是应当的，又是不应当的。[①] 知识的无矛盾性原则就将丧失。总之，法律科学势必将不能被称为科学。

但如果法律的标准在于强制，那么国际法秩序缺乏机关上的垄断虽然确实构成一个“技术上的缺陷”，[②]它也无损于国际法的法律性质（强制性）。国际法的规范从静态结构上说，的确就是规定制裁的规范：“人们公认”在国际法上存在不法行为，而且“报复必须与其所针对的不法行为相称，这是一项公认的原则”。[③]

一旦确认国际法的法律性质，纯粹法学就可以从科学上否定国家“主权”的说法。不过将法律定义为强制秩序，首先却提出了肯定“主权”的根据。

有关“主权”问题的争议焦点之一在于：主权者是否具有法律上的限制？法律强制说会导致这样一种结果：由于实在法体系必定是一个

---

① 关于法律与道德、实在法与自然法之间的关系问题，请参见［奥］凯尔森：《法与国家的一般理论》，第408～410、412页；［奥］凯尔森：《自然法学说与法律实证主义》，载《法与国家的一般理论》，第443～455页。

② ［奥］凯尔森：《法与国家的一般理论》，第375页。

③ ［奥］凯尔森：《国际法原理》，第16、20页。由于法律被定义为强制秩序，也就是说，法律意味着武力的使用作为制裁，只有在规定的条件下才是许可的；于是证明国际法为法律的负担就在于，论证国际关系中武力的运用是有规范前提的。只要证明了这些规范调整的是武力强制的运用，就可以证明这些规范就是法律。“报复”似乎较不成问题，它被公认为是相关规范的一个要件，这些相关规范作为法律的性质也就是可以确认无疑；所以凯尔森花了相当的篇幅来证明在国际法上“战争”原则上被禁止，只有在符合国际法规定的情形才被许可——换言之，凯尔森要证明，“战争”要么是制裁，要么是不法行为；这就是所谓的“正义（合法）战争学说”。参见［奥］凯尔森：《国际法原理》，第22页以下。

在数量上有限的规范系统，我们肯定会遇到最后一个强制规范的层次，在它之上，不再有进一步规定如果强制未被执行，就对失职的官员给以制裁的规范。[①] 纯粹法学将法律义务界定为与不法行为相反的行为，也就是与制裁所针对的行为相反的行为。[②] 所以，处在那一最后层次上的官员，就不具有法律上的义务。例如，一个君主或者独裁者，就属于这个最后层次的武力使用者。虽然权力的分配技术或者特殊的社会学条件也许可以在规范等级体系中，为最后的武力运用者安排一个较低的等级，或者通过一种复杂的循环网络，使每一个官员都各自成为其他官员所行使的制裁的对象，不过至少，君主或独裁者这类主权者是没有法律义务的。[③]

但国际法的存在将所有类型的统治者一网打尽：即使君主也具有法律义务，具有国际法上的义务，譬如一场针对违反国际法的君主国家的正义（合法）战争，就在（国际）法律上制裁了君主，君主（包括他的整个国家都）属于（国际）法律制裁的对象，属于（国际）法律义务的主体。无限的国家主权观念就此完全被纯粹法学消解："主权的教条，也就是作为反对国际法的主要工具的这个帝国主义意识形态在理论上的消解，乃是纯粹法学最重要的实质成就之一。"[④]

如此一来，原本通过自然状态与自然法来解决的问题，现在通过

---

① 参见［奥］凯尔森：《法与国家的一般理论》，第 30、66 ~ 67 页。

② 参见［奥］凯尔森：《法与国家的一般理论》，第 66 页。

③ 比较："立法者可以剥夺管理者的权力，罢免他或者改组他的行政机关，但是，不能惩罚他。这就是英国人通常说的'英王，作为最高执行权力，不可能做错事'这句话恰当的和唯一的意义。因为任何惩罚的运用将必然成为这样一种行动：执行权——这个根据法律而产生的最高强制权力，它自身却要从属于强制，这是自相矛盾的。"参见［德］康德：《法的形而上学原理——权利的科学》，沈叔平译，商务印书馆 1991 年版（2001 年第 3 次印刷），第 145 页。

④ Kelsen, *Introduction to the Problems of Legal Theory*, trans. by Bonnie Litschewski Paulson and Stanley L. Paulson, Oxford, Clarendon Press, 1992, p. 124. 当然，凯尔森消解"主权"概念的基本论据在于：只有规范秩序才是权威的拥有者。由此，就不可能有哪个或哪些人能够被称为主权者；只有法律才是"主权者"。另外，国际法论题的重要性在于：即使国家法律秩序也不是真正的"主权者"，若要说主权，那只有超国家的国际法秩序才有可能被称为"主权者"。国家当中的一切要素都被剥夺了"主权者"的资格。

国际法被轻而易举地处理掉了：[①]国际秩序不是自然状态，国际法不是自然法，所以曾经不属于实在法上之义务的义务，现在都成了实在法义务。

---

① 基础规范的确曾经被命名为“原初规范”（original norm, *Ursprungsnorm*），这在一定程度上，就是为了与社会契约或原初契约的观念相呼应。See Julius Stone, “Mystery and Mystique in the Basic Norm”, *The Modern Law Review.*, Vol. 26（1963）, pp. 34 – 35, at note 3.

第六章 古典法律实证主义及其背离

对主权概念的否定,也就是对终局性观念的排斥。因为主权就是最后决定权,主权者就是终局决定者。① 而对终局性的坚持、对主权概念的辨析,构成了霍布斯—边沁—奥斯丁这一法律实证主义的古典传统。②

一、法律实证主义的古典传统:霍布斯

法律实证主义可以追溯到托马斯·霍布斯。③ 通常,这指的是主

---

① "主权就是决定非常状态。"[德]卡尔·施米特:《政治的神学:主权学说四论》,刘宗坤译,载卡尔·施米特:《政治的概念》,刘宗坤等译,上海人民出版社2004年版,第5页。施米特的这个概念当然比"最后决定权"更优越。因为对"非常状态"的决定,隐含着这一层意思:最后决定权并非事无巨细一概包揽;相反,它可以包容各种不同的政治组织形式,比如一种自由主义的政体也一样能够被吸纳进这个概念,因为最后决定权能够允许不同的社会生活领域自主运转,只要在生死攸关的问题上保留它的介入权利,也就是说,只要自由政体也保留非自由主义的要素即可。

② 德国法学传统中自有其独特的法律实证主义传统,而凯尔森被认为是这一传统的一个具有代表性的理论观点。参见[德]格尔德·克莱因海尔、扬·施罗德主编:《九百年来德意志及欧洲法学家》,许兰译,法律出版社2005年版,"导言"。本文只限于霍布斯、边沁以及奥斯丁这条英国传统,它与德国法律实证主义的传统并不相同。关于所列三位经典作者之间的连续性,除本文所阐述的实质理由之外,还请参见[德]格尔德·克莱因海尔、扬·施罗德主编:《九百年来德意志及欧洲法学家》,第33、35~36、51以及197页上所揭示的一条外在线索。之所以能够将凯尔森摆在这条英国线索中予以比较,那是因为在凯尔森置身英语学术界之后,他自觉地把自己的理论与奥斯丁的理论联系了起来。

③ Brian Bix, *Jurisprudence: Theory And Context*, London, Sweet & Maxwell, 1996, p. 35. 这一看法有诸多的支持者,包括哈特在内。但是有作者提出反对意见说,霍布斯更紧密地坚持着自然法的思想传统。因为对自然法传统而言,与理性(自然)相符是法律之为法律的一个必要(而非充分)的条件,对法律与理性之间发生冲突的情形,只有两种解答:或者发生冲突的所谓"法律"实际上不是法律,或者这里的理性并非真正的理性。霍布斯的立场可以同时与上述两种解答相容。See Mark C. Murphy, "Was Hobbes a Legal Positivist?" Claire Finkelstein, ed., *Hobbes on Law*, Trowbridge, Wiltshire: The Cromwell Press, 2005.

权者命令说，“法律就是拥有主权权力的人向他或他们的臣民所发布的命令”。[①]但为了理解提出这一命题的理由及其确切含义，就需要比较一下他所设定的自然状态与政治社会（国家，法律状态）之间的根本差别，以便确认其有关法律问题的核心见解。

霍布斯将自然状态设定为人人相互为敌的战争状态，[②]其关键并不在于人人之间发生了相互残杀的事实。相反，战争状态未必有实际的战斗，而可能处在一个相互算计、彼此提防的状况之中。所以，自然状态的关键要素在于个体互相算计的无限往复。

但人们之间之所以互相算计，原因在于人的天生平等。力量悬殊的人之间即便开始了实际的战斗，也会很快结束战斗；唯有设想人的平等，战争才会成为一种状态，一旦开始就无法真正地结束。[③]

为了摆脱自然状态，就必须造成不平等。政治社会的实质就是等级或曰不平等。[④]这首先是指一个具有优势的物理力量的出现。平等

不过，这个反驳充其量只是纠正人们对自然法理论传统不正确的想象。但问题恰恰在于，需要纠正人们对古典法律实证主义的不恰当观点，尤其要澄清对身处其中的经典作家之理论的理解。由于所有被称为或自称为法律实证主义者的作者之间未必具有共同的特点，所以不可能从“法律实证主义”的概念上来界定何为法律实证主义。最好通过对成为这一传统中之经典的作者那里去吸取教训，例如约翰·奥斯丁无疑就是这一传统中的经典作者。

① ［英］霍布斯：《哲学家与英格兰法律家的对话》，姚中秋译，上海三联书店 2006 年版，第 25 页。另参见［英］霍布斯：《论公民》，应星、冯克利译，贵州人民出版社 2003 年版，第 144 页：“既然法律被遵守不是因为其内容，而是因为指令者的意志，所以，法律就不是建议而是命令，我们就可以这样来定义法律：法律是这样一个人格（无论是人还是议事会）的命令，它的指令就是服从的理由。”

② 参见［英］霍布斯：《论公民》，第 9 页。

③ 福柯指出了这一点：“根据霍布斯的观点，活着的个人相互吞食的野蛮状态在任何情况下都不可能作为战争状态的最初特征。表明战争状态特点的是天然平等的对手之间永无休止的外交斗争。人们不是处于‘战争’之中，人们处于霍布斯所说的‘战争状态’之中。”参见［法］福柯：《必须保卫社会》，钱翰译，上海人民出版社 1999 年版（2004 年第 3 次印刷），第 82 页。另参见［英］霍布斯：《论公民》，第 9 页：“战争因为争斗者的平等，不可能以战胜而终结，这种战争以其自然是永久性的。”

凯尔森恰恰拒绝“战争状态”的观念，他认为，战争不是某种状态，而是实际的行为。参见［奥］凯尔森：《国际法原理》，王铁崖译，华夏出版社 1989 年版，第 23 页。

④ “平等状态就是自然状态，因此，不平等是在得到每个人的同意的情况下被引进来的。”参见［英］霍布斯：《论公民》，第 104 页。这就是说，政治社会是通过某种方式引入不平等才成立的。注意，对于霍布斯来说，建立政治社会的方式虽然有自然和协议两种，但前者也是基于同意的政治社会，因为屈服也是同意，尽管程度与协议有别。

的个人唯有通过联合起来面对少数,才可能是这种优势者。结合成一个国家的意思,就是指在国家的内部,存在每个个人都无法与之较量的公共优势者。[①] 要达到这种效果,就不得不排除每个人都对在何种情况下应当使用这一力量的问题拥有判断权的情形:"要出现这种情况,只有每个人都使自己的意志服从某个单一的意志,即某个人或会议的意志。他们的服从方式是,在对共同的和平来说必不可少的事上,无论这个人或会议的意志是什么,都会被看成所有人的意志。"[②] 归根结底,交出判断的权力,是摆脱自然平等即战争状态的关键;而将其交于最终的决定者以形成统一的意志,则是唯一能够实现这一目的的办法。

自然状态的最不方便之处就在于每个人都是与之有关的问题的最终判断者。[③] 与之相对,国家的出现,恰恰垄断了相关的判断权。无论是否存在客观的可以认识的真理,只要产生争议而将判断的权力交于每个人自己,那就与国家或法律状态无关。霍布斯认为,要是每个人都能根据自己的理性来判断法律是什么,那理性就"能使这个世界上的一切法律归于无效。因为根据这个理由,不管是谁都可以对不管哪部法律说,它是有悖于理性的,因而,就为他不遵守它找到了借口"。[④] 没有终局者,便无法律。

霍布斯自己认为君主制是最优秀的政体。[⑤] 这一立场应当与上述关于终局性作为法律之构成要素的论点区别开来。因为某种政体是

---

① 当然,霍布斯的自然状态说,还不能解释为什么处在均势的自然状态的国家之间,并没有像处在自然状态下的个人那样,希望摆脱自然状态。所以,契约说仍然是不充分的国家学说。

② 参见[英]霍布斯:《论公民》,第 57 页。

③ 参见[英]霍布斯:《论公民》,第 8 页。

④ [英]霍布斯:《哲学家与英格兰法律家的对话》,第 3 页。"……人类是抵制理性的。他们的抵制,虽然不能简单地称为可悲,却采取了一种顽固对抗的形式,无论法律多么合理或立法者多么聪明,我必须能够说'不'。说'不'的权利得到行使,经常足使任何人不再相信,人类对这种权利的坚持是抽象的或古怪的,无论特定的'不'是多么抽象或古怪。"参见[美]哈维·C. 曼斯菲尔德:《驯化君主》,冯克利译,译林出版社 2005 年版,第 19 ~ 20 页。

⑤ [英]霍布斯:《论公民》,第 113 页。

否更能维护国内和平的问题，已经预设了，在组织最终决定权的问题上，有可能存在不同的方案。另外，洛克提出反对意见说，由于君主与臣民之间的冲突并无一个共同的裁决者，所以君主与臣民之间就仍然处在自然状态。所以君主政体甚至都不可能是一种政治社会的形式。[①] 洛克的解决办法是，将最终的判断权交给一个集体（如议会）。[②] 这个方案虽然排除了某个个人——君主与其臣民之间的自然状态，但这个作为集体的机关与其他机关或公民之间的冲突，是否又需要设置一个第三者来结束它们的冲突呢？霍布斯的基本见解，在此依然有效。[③]

二、法律实证主义的古典传统：边沁与奥斯丁

乍看之下，边沁与霍布斯的差异简直铁板钉钉：他是社会契约论的反对者，[④]同时珍视个人的判断权利，强调需要对既定的法令进行批判。[⑤]

---

① 参见[英]洛克：《政府论下篇——论政府的真正起源、范围和目的》，叶启芳、瞿菊农译，商务印书馆1964年版(2005年第12次印刷)，第55页。这个分歧的一部分原因在于“自然状态”概念在下述方面的差异：对于霍布斯而言，君主与每个臣民之间的力量悬殊，的确已经结束了因平等而造成的战争状态，从而结束了自然状态；而对于洛克而言，战争状态与自然状态不同，自然状态的要求是争议能够提交共同的裁决者。但如何可能在所有方面都有最终的而同时又是共同的裁决者呢？

② 参见[英]洛克：《政府论下篇——论政府的真正起源、范围和目的》，第58页。

③ 在后文，洛克实际上宣告了他对霍布斯之反驳的失败：“在赋有特权的经常存在的执行权和一个由执行权来决定召集的立法机关之间，世界上不可能有裁判者；同样地，如果执行机关或立法机关在掌握权力后，企图或实行奴役人民或摧残人民，在立法机关和人民之间也不可能有裁判者。……只有诉诸上天。”参见[英]洛克：《政府论下篇——论政府的真正起源、范围和目的》，第106页。另外，请比较同书第60页：缔结社会契约意味着个人将判断的权力转让给了决定者（在洛克这里指“大多数”），而“如果他除了自己认为适当的和实际上表示同意的法令之外，不受这个社会任何法令的约束，那还算什么承担新的义务呢？这样，他的自由就会仍然像在订立契约以前他所享有的或在自然状态中的任何人所享有的自由一样大，因为他可以在他认为合适的时候才服从和同意社会的任何行为”。

④ 参见[英]边沁：《政府片论》，沈叔平等译，商务印书馆1995年版（1997年第3次印刷），第一章。另请参见[英]吉米·边沁：《立法理论》，李贵方等译，中国人民公安大学出版社2004年版，第93~95页。注意边沁在该书第93页所写的这句话：霍布斯的《利维坦》是一部“今天很少有人知道，并且由于偏见和由于它维护君主专制的道听途说而为人们所厌恶的著作”。

⑤ 参见[英]边沁：《政府片论》，第99页以下。

有时,他甚至提出,法令既非意志,也非命令。[①] 但正是作为功利主义者,作为对自己掌握道德真理的能力颇为自信的作者,边沁更鲜明地说明了法律问题的特殊结构。

功利标准是唯一的伦理准则。整个伦理又分为指导个人自身行动以获取最大幸福的自理艺术或曰私人伦理,以及指导他人谋求幸福的管理艺术,其中共同体内的公共管理,便是追求最大多数的最大幸福的立法(包括行政)艺术。[②] 法律之为功利的载体,最明显的事实就在于它是如此普遍而持久地成为人类社会的基本现象。若非服从法律的好处在利弊的天平上,偏向有利的一端,这个事实就实在是个不可理解的奇迹了。[③] 但是,同一条原理会产生不同的结论:假设立法规定的内容在我看来不是应当的,是违反功利原理的,那么我的私人伦理律令又当给我何种指令?[④] 问题出在不同的判断主体之间。关于边沁对这个问题的解答,需要提请注意的有三个要点:

其一,边沁将这个问题本身归诸私人伦理的范围。[⑤] 其中的原因看来在于,任何法律,只要为一些人出于这种或那种原因而"不喜欢",都会被认为与那些比法律效力更高的准则(自然法、《圣经》等)不相符合。[⑥] 即使边沁认为,功利论的讨论方式更容易达成一致或者导致调和,从而平息各种争论;但问题在于,争论双方最终可能发现,虽然问题的争点已经明确,但他们却不能指望会达成任何一致的看法。[⑦]

---

① "可是事实上,法律既不是意志,也不是命令。"参见[英]边沁:《政府片论》,第204页,注①。但在另一处,他又说,"成文法是由命令组成的,普通法是由准命令组成的。"参见[英]边沁:《政府片论》,第134页,注①。

② 参见[英]边沁:《道德与立法原理导论》,时殷弘译,商务印书馆2000年版(2002年第2次印刷),第348~349页。

③ 关于服从的理由或稳定性的重要性,参见[英]边沁:《政府片论》,第109页注①,第155、207页。

④ 参见[英]边沁:《道德与立法原理导论》,第359页,注S。

⑤ 参见[英]边沁:《道德与立法原理导论》,第359页,注S。

⑥ 参见[英]边沁:《政府片论》,第210页。另请参见边沁:《立法理论》,第106页。在驳斥自然法理论的时候,边沁写道:"有多少作者就有多少体系;他们没有认识到,以这种方式进行思考,必须总是从头开始,因为每一个人都可以提出他自己愿意提出的什么关于法律的仅仅是想象性的东西,从而永远争论下去。"

⑦ 参见[英]边沁:《政府片论》,第223页。

因此之故,关于"最高统治者"的权力界限这个问题,也就是在"最高统治者"制定的法律是否违反了功利原则从而无效的问题,必须留给"某个人或某些人去简单地宣布,例如,由国王宣布"。①

其二,边沁谈到"最高统治者"或曰"最高权力"的限制问题。但他强调,虽然设想这种限制是十分容易的,但必要的条件是,这类限制必须被描述成与实在法规范不同的事物——这类事物就是建立起统治权力的那种习惯上的服从。②

其三,法律与功利原理的冲突这个私人伦理问题,这个"最困难的问题之一",③本质上是公共判断的法律权力与个人判断的道德权利之间的关系问题。事实上,这个困难问题的前提,就是要有一个与私人判断不同的、可能的对立面存在。边沁为个人保留了后一种意义上的判断权利,但法律的判断权必须被垄断,否则法律秩序就成为不可能:④法律状态⑤的标准就在于明确的、习惯上被服从的对象的存在,⑥

---

① [英]边沁:《政府片论》,第222页,注①。

② 参见[英]边沁:《政府片论》,第220页。边沁的原文是:"因为一个主体,由于它在其他方面是最高的,便被设想为它对某类行为要受到限制;必要的条件是:这一类行为必须被描述成与所有其他种类的行为不同。"其中的"其他方面""其他种类的行为"便是制定实在法的行为;换言之,在实在法的领域内,所论主体是最高的。

③ [英]边沁:《立法理论》,第82页,注①。

④ "假设有这样一个国家,在这个国家中,每个个人都认为,如果法律与他的具体的自然或神圣法律不相符合,他出于良心必须抵抗法律,这个国家还能维持吗?哪怕是一天!"[英]边沁:《立法理论》,第109页。

⑤ 在《政府片论》中,边沁谈论的是"政治社会"。但在该书中,"政治的"与"法律的"被作为同义词使用。参见[英]边沁:《政府片论》,第231页,注①中的分类:"政治的""道德的""宗教的",对应于"法律的声音""人民的声音""上帝的声音"。

⑥ 参见[英]边沁:《政府片论》,第140页。边沁在此提到了这类服从对象的例子,包括"国王、酋长、部落长、参议员市长等等"。之所以如此,是由于边沁仅仅将服从与被服从作为政治状态的标准,而他发现,这两种状态是不能截然分开的,在市长身上就同时存在,因为他既习惯地服从更高者,又被习惯地服从。这里的市长及其市民之间也处于政治社会,但该社会不是独立的政治社会。另请参见《政府片论》,第133、134~135页。关于"独立政治社会"的概念,参见[英]约翰·奥斯丁:《法理学的范围》,刘星译,中国法制出版社2002年版,第六讲。下文将会论及。附带提一句,边沁开列的这份单子倒是提示了我们,恰恰在具有一个终局者的前提之下,能够实现诸多的分权设置而同时保持为一个共同体。

而且其中必须只有一个是最高的。[①] 最高的就意味着最终的。

所以,对于边沁来说,法律最终就是立法者即最高权威的意志或命令。[②] 理解这一定义的恰当方式,就是根据上述提出的问题结构,从判断权的垄断与法律状态的决定要素出发,而不在于它化约了什么或在方法论上是否出了问题。也就是说,重心不是"命令"这一术语的含义是否足够恰当,而在于"最高权威"所表达的终局性之上。这一要点在边沁的后继者、霍布斯的辩护者[③]奥斯丁那里,更是得到了明确的解说。

奥斯丁解释说,实在法的基本特征在于主权者的确立,这一主权者是特定的、在法律上无限的。[④] 主权者之所以必然是在实在法上无限的,原因在于,任何这类限制都意味着另一个真正的主权者:[⑤]主权有限论,"因其主张国家法律是在主权者之上的,从而,是在主张法官是在主权者之上的……其实这是主张设立一个新的主权者……如此循环往复,以至无穷"。[⑥]

另外,主权者必须特定。"只有特定的一个主体,才可以明确地发布命令,或者提示命令,才可以得到他人的服从或从属。"[⑦]特定的主体能够终结争论,不管是由于这个主体是单个的人,还是由于若干人

---

① 边沁批判布莱克斯通关于英国议会的三个组成部分(国王、上议院、下议院)是互相绝对独立的观点,他说:"如果它们是绝对独立的,它们之间就会经常发生冲突。他们就会经常不得不求助于暴力,结果就是一种无政府状态。"参见[英]边沁:《立法理论》,第103页。边沁强调三者之间的相互合作关系以共同构成最高的权力,但很显然,若干机构之间结成一体的办法,也可以是使其余机构隶属于另一个机构。

② 参见[英]边沁:《立法理论》,第105页。

③ 特别值得提及的是,奥斯丁在他的著作中对霍布斯多有引用,参见[英]约翰·奥斯丁:《法理学的范围》,第218、238、248、284、364页。全书中最长的一个注释(有五页的篇幅),是用来为霍布斯辩护的。当时的思想环境是,"霍布斯的著作……被人们彻底忽略了",就如边沁已经指出的那样。相反,在奥斯丁看来,霍布斯的著作"极为精湛","极富独特的天才思想"。奥斯丁勾勒了霍布斯学说的纲领,认为霍布斯的实在法理论,除边沁以外,无与伦比;但他指出,在两个方面他不能同意霍布斯:第一是霍布斯过分强调臣民的服从,第二是社会契约论。参见[英]约翰·奥斯丁:《法理学的范围》,第300~304页,注(π)。

④ 参见[英]约翰·奥斯丁:《法理学的范围》,第218页。

⑤ 参见[英]约翰·奥斯丁:《法理学的范围》,第278页。

⑥ 奥斯丁引用霍布斯的这段话来支持自己的论断。参见[英]约翰·奥斯丁:《法理学的范围》,第299~300页。

⑦ [英]约翰·奥斯丁:《法理学的范围》,第224页。

通过他们协作产生的唯一决定；[①]这就是说，无论以何种方式，主权者必须都是唯一的。[②] 而规则在不特定的、无名的群体中一旦产生争议，就无法确定规则到底为何，因为，按照奥斯丁的话说，他们“无法相互协作共事”，[③]即争议无法被确定地解决。例如，在一种基于“相互交流”，但彼此没有隶属关系的“自然状态”，[④]有的只能是无尽的“相互交流”而已。

能够将争议确定地加以解决的，唯有特定的终局者；所谓的无限性，乃是终局性的另一种说法。正是在这一意义上，奥斯丁说，法律必然是“专制的”。[⑤]

三、凯尔森对法律实证主义古典传统的背离

凯尔森自称是法律实证主义者，与奥斯丁的学说相比，纯粹法学的差异之处只在于，它更为首尾一贯地贯彻自己的方法论。[⑥] 纯粹法

---

① 奥斯丁反对主权分立的观念，因而他不同意将主权权力分为立法权、执行权（广义的，包括司法权），而只认可最高统治权力与从属政治权力的分类。参见［英］约翰·奥斯丁：《法理学的范围》，第 261 页。

② “除非在社会中出现大多数人习惯服从某个对象的情形，而且是大多数人对同一的优势者的服从，否则，这个特定的社会要么处于一种自然状态，要么处于两个或多个独立政治社会的分裂状态。”参见［英］约翰·奥斯丁：《法理学的范围》，第 223 页。

③ ［英］约翰·奥斯丁：《法理学的范围》，第 172 页。

④ ［英］约翰·奥斯丁：《法理学的范围》，第 225 页。

⑤ 奥斯丁谈到“法律的专制”，参见［英］约翰·奥斯丁：《法理学的范围》，第 278 页。在另一处，他写道：不论何种政体形式，“每一个最高统治政府，在法律上都是专制的。”同书，第 295 页。边沁持有相同的看法。他认为，自由政府与专制政府之间的区别，绝不在于自由政府的统治者手中的权力受到更多的限制。关于构成其间区别的因素，参见［英］边沁：《政府片论》，第 213 ~ 214 页。

⑥ “纯粹法理论与分析法学皆试图完全从对实在法的分析中得出结论。但纯粹法理论却是在奥斯丁的名著《法理学讲义》（*Lectures on General Jurisprudence*）之外独立发展起来的，其在重要观点上与奥斯丁的学说相一致。所不同之处仅仅在于纯粹法理论比奥斯丁及其追随者更加把分析法学的方法贯彻始终。”［奥］凯尔森：《纯粹法学与分析法学》，张书友译，http://www.fatianxia.com/paper_list.asp? id = 2888，最后访问日期：2006 年 2 月 20 日。当然，这里将要说明的，只是凯尔森与法律实证主义古典传统的关系，而不是他在整个标以“法律实证主义”之名的法学流派之中所处的位置。“纯粹法学”的“纯粹性”，根据凯尔森自己的界定，在于仅仅运用法学的方法，而将非法学的方法排除在外。仅就这一点看，我们似乎可以把凯尔森称为方法论上的实证主义者，从而与哈特为代表的新分析法学处在同一个流派之中。他们的分歧更多是由方法论上的异见产生的。

学坚持“规范”的观念：它将法律等同于规范。规范论归结起来便是基础规范学说。差别皆由此而起。

但这个差别却失之千里。无论是霍布斯，还是边沁与奥斯丁，他们用来与法律状态作对比的“自然状态”概念，都是一旦产生争议就没有定局的状态。[①] 正因如此，在法律是什么这个问题上，他们的核心见解都在于某种终局性的存在，就是最高而无限的（意即最终的）权威的存在。这一要点的具体形态，就铺展为他们的主权理论。边沁与奥斯丁都通过“习惯的服从”这一事实来界定主权。这可以理解为，作为认识之对象的单纯的实在法规范，并不能产生终局性。

凯尔森未必对此熟视无睹。只是从他严格的方法论立场出发，他把不同的问题归给了不同的学科。所以规范性与实在性的区分，从而效力与实效的区分，完全可以用来为基础规范学说进行辩解：事实性的对象，不属于法学。但效力与实效的区分却首先假定，规范已经被确定。否则，实效又是谁的实效呢？问题是：规范又是被谁确定下来的？法学的认识吗？没有事实上终局者的判断，法律规范就等于零。法律体系的统一性，不可能在凯尔森的法学认识中存在。所以效力与实效的分别这些方法论的套路最终发挥的理论功能，乃是对终局性因素的压制。这种压制的根源，也许就在于对人统治人，也即权力这一观念的否定：凯尔森只承认，唯有规范性体系才是权威。

凯尔森有关“自然状态”的观念，是其背离这条古典传统的另一个具体表现。凯尔森提到但没有专门探讨自然状态的概念。但他的“自然自由”就对应于一个自然状态。自然状态是一种无政府状态，而无政府状态又被认为是完全没有武力的和平。[②] 它要么是人人独处的状态，在此，凯尔森站在卢梭一边反对霍布斯；[③]要么是共享太平、乐意融

---

① 边沁的“自然状态”概念，参见［英］边沁：《政府片论》，第133页。

② 参见［奥］凯尔森：《法与国家的一般理论》，沈宗灵译，中国大百科全书出版社1996年版，第22页。

③ 卢梭以“原始独立状态”反驳霍布斯作为战争状态的“自然状态”观念。参见［法］卢梭：《社会契约论》，何兆武译，商务印书馆1980年版（1997年第8次印刷），第17页。这一“自然状态”与边沁以及奥斯丁都不相同。

融的乌托邦。对凯尔森来说，只要人群共处，就必然有强制。[①] 而强制者必然声称自己的手段是根据先在的规范的，[②]就如国际秩序中的现象一样。于是，强制就肯定是被垄断的，哪怕是分散的垄断。这与霍布斯的自然状态恰可等量齐观。当所有人都吵吵嚷嚷、自以为是、兵刃互见的时候，凯尔森说，这就是相对的和平、法律秩序意义上的和平。

对法律实证主义古典传统的背离，还给凯尔森带来了一个附加的理论要求，那就是要证明客观道德秩序是不存在的。[③] 似乎唯有如此，才能将法律与道德、与正义分离开来。边沁与奥斯丁的例子则表明，即使持有一种道德真理的立场，也不妨碍他们洞察到法律的实质。

---

① 在驳斥共产主义法律理论的无政府主义实质的时候，凯尔森写道："犯罪心理学指出，经济状况不是社会秩序扰乱的唯一原因；性欲和野心至少与经济状况有同等的重要；而且一旦经济原因消灭后，它们的重要性甚至还会大于经济状况。无国家、无法律的完全正义的社会，正如救世主的上帝的王国、未来的乐园那样，是一个乌托邦的预言。"参见[奥]凯尔森：《共产主义的法律理论》，王名扬译，中国法制出版社 2004 年版，第 48 页。尤其请注意凯尔森提到的最后一项"野心"。在另一处，凯尔森则说，他"不知道"人类是否能够摆脱强制技术。参见[奥]凯尔森：《法与国家的一般理论》，第 20 页。

② "人类的一个特点是，他有一种深切的需要……证明他的行为、他的感情表示、他的愿望和渴望是正当的。"参见[奥]凯尔森：《法与国家的一般理论》，第 7 页。

③ 参见[奥]凯尔森：《法与国家的一般理论》，第 6 ~ 13 页。

第七章 终局性与正当性

一、作为正当性承载者的终局性

终局性具有一种事实的、实在的属性，当边沁与奥斯丁通过服从与被服从的习惯来界定政治共同体及其主权者的时候，也表明了这一点。但是，在实在性的领域，也即遵循因果律的自然领域，却又不可能存在什么终极性的事物："在因果的无限链条中，即在自然现实内，不可能有一个首因，所以也就没有主权者。"[①]与规范世界相反，自然世界没有第一因，也没有最后的结果。照纯粹法学的观点，如果有什么终局性，反倒只能去规范里面寻找，因为归责关系是有终点的。[②] 例如，人们可以申辩说，法律程序用尽也就达成了所谓的终局性，而法律程序的尽头便是那个终局者。所以，终局无非就是法律规范体系所规定的最后环节。

但是，单单从规范自身是根本无法产生终局性的：徒法不能以自行。[③] 譬如，在人们对谁是最终的权威没有一致见解的时候，对于某个

---

① [奥]凯尔森：《法与国家的一般理论》，沈宗灵译，中国大百科全书出版社 1996 年版，第 419 页。

② 凯尔森指出，因果关系没有最终也没有最初，而归责关系却具有它的最终点。See Hans Kelsen, *Pure Theory of Law*, trans. by Max Knight, Berkeley, Los Angeles, London: University of California Press, 1967, pp. 89 – 91.

③ "由于法律观念不能自我实现，所以它在转化成现实之前就需要某种特定的组织和形式。"[德]卡尔·施米特：《政治的神学：主权学说四论》，刘宗坤译，载[德]卡尔·施米特：《政治的概念》，刘宗坤等译，上海人民出版社 2004 年版，第 20 页。

违宪判决人们就可以说,立法机关完全能够通过再一次立法,推翻法院的所谓违宪判决。但法院照样拥有法律上的理由,再度宣布新法无效——尽管,这在政治上,可能是不明智的。[①] 仅从规范的角度出发,这个互相以合法性取消合法性的过程,并没有规范上的终点。当然,实在法可以在规范上设置一个终局性的规定,比如规定类似于"总统对国会法案的否决权只能行使一次"这样的条款。但"终局性"(finality)这个因素却不可能通过这种作为科学知识之对象的规范来实现。除这种终局性的条款被奉行无违的事实之外,并不存在所谓的"终局性":对一个字面上是终局的条款也许存在解释上的争议,况且它也完全可以因为取得效力的"违法"行为而成为"选择性的"。终局性并不在事先确立的规范条文当中。进言之,即便假设法律是一个可以明确无误地加以认识,并且也的确已经被认识到的真理—推理体系,也仍然需要在发生争议的情况下,由一个特定的权威来结束争议。纯粹的规范只能产生无尽的商讨,"法律"就会成为"永恒的交谈"。"法律"就此不再成为行为的规范,因为"永恒的交谈"就是永远没有被确定下来的(posited)内容,从而也就是永远没有法律。这种情形是与实在法的观念不可并存的,[②]这一点正是法律实证主义古典传统带给人们的

---

① 从某种意义上说,掌握在司法机关手中的类似于违宪审查的权力,本质上具有稀缺性。它不是一种常规资源,因为频繁的运用会使它贬值,其结果会打乱既有的权力分配格局,危及法院自身的地位。法国普通法院因为拒绝登记和执行反映新兴力量的法令,结果失去信任,审查行政行为的合法性的权力,后来被给予了一个独立的行政法院体系。参见王名扬:《法国行政法》,中国政法大学出版社 1988 年版(1997 年第 2 次印刷),第 551 ~ 552 页。反过来说,一种恰当的司法自制,既能维持法院的最高权威,又能维持既有的权力配置格局。关于违宪审查权力不宜频繁使用而导致贬值的论述,参见 Guido Calabresi, *A Common Law for the Age of Statutes*, Harvard University Press, 1982, Chapter Ⅱ。

② "永恒的交谈"是浪漫派的哲学特征与自由主义的议会政治特征相衔接的一个纽结。泛详[德]卡尔·施米特:《政治的浪漫派》,冯克利、刘锋译,上海人民出版社 2004 年版。商谈理论为这一点提供了另一个具体的例子:"'合理地推动的'同意这个说法考虑到了这种事实性残余:我们归诸理由的,是那种在非心理学意义上'推动'论辩参与者采取肯定性立场的力量。事实性的这个最后残余环节如果也要消除的话,那理由之链就不会终止于一个事实上的结论了。"参见[德]哈贝马斯:《在事实与规范之间——关于法律和民主法治国的商谈理论》,童世骏译,生活·读书·新知三联书店 2003 年版,第 278 页。译文参照英译本酌改。See Jürgen Habermas, *Between Facts and Norms: Contributions to a Discourse Theory of Law and Democracy*, translated by William Rehg, Massachusetts: Polity Press, 1996, p. 227.

重要启示。

唯有当某个终局性的载体事实上已经能够产生终局性的效果的时候,才可能存在终局性。所谓终局性,就是指向那个可以最终拍板的机关的意向已经具有压倒性的力量,无论这个机关是一个大会,还是一个个人,这种事实性甚至都到了不言自明的程度。如果存在试图产生终局性的条款,那指向该规范的意向,也就是一种一致的规范观念,而非规范本身,也具有同样的效果。这种规范观念也无非就是指向某个具体的程序的,而程序也不外乎是某种对争议进行裁决的机关的程序。“终局性”属于独立于规范的构成要素,具有一种具体确定的、现实存在的属性。① 正是终局性的这种事实性品格与纯粹法学基础规范学说的纯粹性捍格不入。

基础规范规定的法律概念排斥终局者,这倒恰好说明,终局要素不可能在法律规范的层面加以限定:②凯尔森的规范性不可能成为他的事实性的定义项,它们是一对互相对反的事物。但是问题还在:纯粹因果链条无始无终,具有事实属性的终局者如何可能?

终局性既是事实的,却又成其为一个定局,这就说明它不处于因果关系的意义范围;只有这一事实究竟如何产生的问题才可能隶属其中。一个事实上的人身或者机构,之所以成为终局者,绝非由于他或他们的物理力量最为强大,更不可能是因为他或他们是上帝那样的第一因,而

① “在核心权威缺席的情况下,任何人都能够诉诸内容的正确性。但是,核心权威并不是从决断规范中来的。”[德]卡尔·施米特:《政治的神学:主权学说四论》,刘宗坤译,载卡尔·施米特:《政治的概念》,第22页。施米特引述了霍布斯的一个论据:“一种权力或秩序可以服从另一种权力或秩序,就像制造马具的人的技艺要服从于骑手的技艺;但是,重要的是,尽管存在这样一种抽象的秩序阶梯,没有人会认为每个马具制造者都单独服从每个骑手并强迫他去服从。”[德]卡尔·施米特:《政治的神学:主权学说四论》,载《政治的概念》,第23页。

② 比较霍布斯的如下观点:“所有地方的实在法都是制定法。因此,制定法的制定者是不需要法律的定义的,尽管在教授关于法律的认识的时候非常需要对法律下定义。”参见[英]霍布斯:《哲学家与英格兰法律家的对话》,姚中秋译,上海三联书店2006年版,第23~24页。这与凯尔森“法律调整它自己的创造”的观点是对立的。See Hans Kelsen, *Introduction to the Problems of Legal Theory*, trans. by Bonnie Litschewski Paulson and Stanley L. Paulson, Oxford, Clarendon Press, 1992, pp. 63, 91.

在于他或他们是正当性(legitimacy)的承载者。正当性,即是事实上被接受的“应当”,并且它总是意味着事实上被接受为对关于“应当如何”之争议作最终决定的具体权威,而非某些供人挑剔、玩味甚至摆弄的语句,例如一条实在法规范。正当性,因而终局性与终局者,集实在性与规范性于一身,既是“应当”又是“是”。例如,君主或者民主,就是正当性的两种具体形态。[①] 我们把这一意义上的正当性,称为形式正当性;与之相对,我们把正当性的内容方面称为实质正当性。当终局者被视为形式正当性的担纲者时,它便同时与实质正当性具有了关联。

(形式的并且实质的)正当性的这种事实或曰属于存在层面的品格,使它具有一种特别的属性。实在法可以将它转化为法律规范的形态,但却不能穷尽它;合法性可能成为它的一种表现形式,但却不能使它耗尽。因为法律规范无法规定所有的事情。在任何一件具体的事情上,白纸黑字都不可能描述到所有的细节。[②] 这就解释了,为何法律作为法律规范是有限的,同时法律却往往超出这些界限。

实行最大程度分权的国家之成为一个法律共同体,端赖于某个担负起正当性的最终裁决者的存在。这一终局性的因素,才是法律共同体的最低限度内容。共同体的共同性所在,不是哪个逻辑上无矛盾的认识对象的存在。实在法秩序完全有可能是一个矛盾的丛集,同时却又不妨碍它成为一个统一体:因为法律共同体的最低要求,无非是在

---

① 参见[德]卡尔·施米特:《当今议会制的思想史状况》,载卡尔·施米特:《政治的浪漫派》,冯克利、刘峰译,上海人民出版社 2004 年版,第 182 页;[德]卡尔·施米特:《宪法学说》,刘锋译,上海人民出版社 2005 年版,第三部分。施米特只确认了这两种独立的类型,这一点有待商榷。比较韦伯的四分法,参见[德]韦伯:《社会学的基本概念(韦伯作品集Ⅶ)》,顾忠华译,广西师范大学出版社 2005 年版,第 48 ~ 50 页。这种四分法的分类标准是共同体成员的动机,或者可以被认为是对终局性的来源作的因果解释。

② 凯尔森当然也承认这一点。[奥]凯尔森:《法与国家的一般理论》,沈宗灵译,中国大百科全书出版社 1996 年版,第 165 页。事实上,我们已经指出,这是纯粹法学的基本主张之一,实在法不可能是一个纯粹静态的系统。参见本书第三章第一节。更极端的意见甚至认为:“甚至每一种整体中总有若干东西是不能成文的,而必须留在名副其实的暗箱中,由当权者操作,违者以颠覆国家罪论处。”参见[法]约瑟夫·德·迈斯特:《论法国》,鲁仁译,上海人民出版社 2005 年版,第 71 页。迈斯特在这个问题上引证了休谟。

维持自身之存在的生死攸关的问题上,[①]存在最终的并且是实在的具体权威。况且,若没有不同于纯粹合法性概念的正当性概念,也就是说,若是秩序未被事实上认定为正当的,那就根本无从判断一个秩序到底是强盗集团还是国家——作为认识对象的合法性只能在一个特定的系统之内判断出某一对象在形式上是否符合另一个呈现为规则形态的事物这个表面问题。[②]

二、纯粹合法性逻辑的偏见(一个隐含的决断)

纯粹合法性概念对正当性的同化,给凯尔森带来了特殊的偏见。也许应当反过来说,正是这种偏见,要求压制正当性的概念。在一个合法性的纯粹平面上,正好为某个特定机关的优先地位敞开大门。凯尔森以下述理由论证法院担负"宪法守护者"之责的合理性:

有三类问题:政治的、法律的以及技术的。[③] 如果实在法上并未设立一个有权对立法是否符合宪法的问题进行裁决的机构,那么科学就

---

① 这个生死攸关的问题当然就是对何时使用武力,尤其是使用军队的判断权。作为强制的法律也表明,所有的法律判断的关键,实质上都意味着对武力运用问题的判断,尽管这不是说,任何法律判断都需要实际上运用武力。但这个问题的具体细节与程度,不是本书所拟探讨的,也不是本书所能够胜任的。比较张君劢先生的说法:"国家之统一与否,完全看军令是否统一;军令不统一,便是两国,或曰国中有国。"参见张君劢:《中华民国民主宪法十讲》,商务印书馆1947年版,第127页。

② 有作者已经提出了类似的反驳:"只要正义的这一基本层次完全没有了,社会制度对被统治者来说成为'外来的强制'和'纯粹的暴力',那么,我们就还不能谈论一种法规则。这是反对一种脱离正义的法定义之决定性论据。所以,至少在这个层次上可以对奥古斯丁的问题作肯定回答:没有任何正义,法和国家就成了大的强盗团伙。"参见[德]奥特弗利德·赫费:《政治的正义性——法和国家的批判哲学之基础》,庞学铨、李张林译,上海译文出版社1998年版,第144页。凯尔森自己也在好几处运用法律秩序区别于强盗的论题,参见[奥]凯尔森:《法与国家的一般理论》,第197~200、210页。不过,即使认可赫费的那种正义,也不能解释国家问题,因为如果必须存在强制系统是一个可以从正义的角度予以论证的要求,也还不能说明,为什么正义竟然造成了那么多个别的国家,而不是一个世界国家。赫费的理论还缺乏特定的区分性要素,这个要素不从实在性的存在层面去寻找,就将一无所获。

另外,应当承认的是,这个反驳在单纯考虑国家法律秩序的时候是比较容易成立的,但假如接受凯尔森的国际法理论,就会产生困难。但问题在于,要将国际法认定为实在法,却需要有一个政治上的价值判断。参见本书第五章第三部分。

③ See David Dyzenhaus, "The Pure Theory in Practice: Kelsen's Science of Law", in David Dyzenhaus, *Legality and Legitimacy: Carl Schmitt, Hans Kelsen and Hermann Heller in Weimar*, Oxford, Clarendon Press, 1997, p. 109.

只提出下述问题：何种方式才能最有效地维护宪法？除此，就不属于科学探讨的对象。凯尔森提出一条普遍适用的科学原则："关于立法的宪法规则的适用只有在委托除立法机关以外的一个机关以下述任务时，才能有效地保证，那就是：审查一个法律是否是合乎宪法，以及如果根据那一机关的意见，它是'违宪的'，就将它废除。"[①]理由在于：如果将这项任务委托给一个恰恰最有可能违反宪法的机关去执行，那就将事与愿违；而最可能违宪的机关，正是掌握最广泛的权力的机关。

凯尔森没有在单纯的技术理由上停止，而是更进一步提出了法学上的论据，以论证在实在法没有特别规定的情况下，司法机关同任何法律适用机关一样，在法律上享有违宪审查的天然权力：

> 如果法律秩序并不含有相反的明示规则，就有这样一个假定：每一个适用法律的机关都有权拒绝适用违宪的法律。既然各机关被授予适用"法律"的任务，它们自然就必须调查拟加适用的那个规则是否真正具有法律的性质。[②]

通常，凯尔森认定，最无危险的机关就是法院。至于行政机关，假如具有颁布一般性规则的权力，那它"超越其权限而创制普遍法律规则之危险，远远超过违宪立法之危险"。[③] 似乎最合适的审查机关，非法院莫属。[④]照此理由，绝对君主制国家也有它的宪法——虽然这种宪法给予君主

---

① ［奥］凯尔森：《法与国家的一般理论》，第177页。

② ［奥］凯尔森：《法与国家的一般理论》，第297页。这一论点的确说明了决定权而非狭义的司法机关（法院）的优越性。

③ ［奥］凯尔森：《立法的司法审查》，载 http://www.zisi.net/htm/wwzh/2005-04-06-14901.htm/，最后访问日期：2006年2月15日。

④ 张君劢先生曾著《国宪议》一书，其中谈到宪法解释与违宪审查的问题。他认为在联邦主义国家，是否违宪的判断权力最好委诸法院，因为法院"地位超然，头脑冷静，其所判断必较立法或行政机关为公平"。他并写道："以此权委之国会耶，则国会于自身立法，必无反讦之理，其不足恃也甚明。……民主政治之下，得良议会也难，得一二良法官也易，或者失之于议会者，可转而收之于法官……"参见张君劢：《国宪议》，作者自刊1922年版，第120、122页。其中对民主代议机关的不信任与对法院的信任，恰成对照。稍稍超出张先生议论的语境，似乎可以认为，这种不信任与信任之间的对比，具有极端重要的理论意义：就民主政治而言，为什么一方面民主成为正当性，另一方面民主又受到深深的怀疑？

一种几乎不受限制的权力，但为了维护君主制的宪法，最好也把违宪审查的权力给予法院，至少是给予君主之外的另一个机关。

但这只有在合法性同化并吸纳了正当性的概念，从而只剩下合法性，法律因此成为单纯实在法规范的前提下，才是可能的（且不论这些论断所依赖的社会学条件，尤其对于司法机关的信任这项条件）。根据纯粹合法性的逻辑，宪法只能是某种“白纸黑字”；已经形成的习惯与此类似，两者都在某种程度上获得了定型。因而，最适于看守这类成例的机关，即最不易违反它们的机关，就应当是唯遵守成例、而无其他属于自身之特殊目的的机关。法院通常被认为即属此类机关。

然而，从正当性的角度看，上述科学观点未必真的很科学。设置一个与君主不同的违宪审查机关，就等于在君主之上安置了一个更高的决定者。这或者意味着另立新君，或者意味着转变成贵族政体。另外，不论该绝对君主制的实在宪法规定了什么，只要它的确是绝对君主制国家，作为正义之源，也即作为君主正当性担负者的君主，都不能在法律上接受与其正当性逻辑不同的合法性束缚，因为合法性是从君主派生出来的。在此，“违宪”的意义绝不等于违反某些白纸黑字，而是对绝对君主制的否定，并且这常常也是绝对君主制的“宪法”面临的最大危险。所以对于绝对君主制国家来说，最有效地维护宪法的手段，就是将这项权力交于君主手中，或者在君主保留其权力的前提下，委托另一个机关来完成。[①] 如果由于终局性观念的根本性而使得正当性成为法律必不可少的要素，那么纯粹合法性逻辑就失之偏颇。

---

① 一个民主制国家的情况其实是类似的。譬如，哈贝马斯也指出，在议会制民主国家，宪法法院的制度构想并非不言自明。相反，由议会自我组织一套审查程序，“至少是一个值得考虑的想法”。参见［德］哈贝马斯：《在事实与规范之间——关于法律和民主法治国的商谈理论》，第299页。所以，承受论证负担的一方，在宪法法院的主张者身上。他们必须提出理由证明，为什么宪法法院有可能是不违反民主原则的。

第八章　结论:作为中介的终局性

基础规范学说是对法律实证主义古典传统的背离,它的基本特征,以及它的主要缺陷就在于,以纯粹的、作为认识对象的合法性与强制性来网罗所有的法律问题,而对终局性的要素则予以压制甚至排斥。这使基础规范学说在解释实在法基本现象的时候,困难重重。只有阐明终局性观念的重要意义及其隐含的其他因素,实在法基本现象才能获得较为圆满的解释。

终局者是(形式)正当性的承载者。换言之,它乃是法律问题的最后权威,无论它是一个君主,还是一个民主机关:在争议无法终结的时候,应当由它来最终裁决;法律共同体由此而得以维系。这一主观意义的"应当"截断了自然因果之中的无限链条,就此造成了某种终结。此处"形式意义上的正当性"究竟意味着什么?

法学能够坚持一种规范的观点而将法律与强盗秩序区别开来的前提,就是实在法秩序代表一个已经被预设的共同体——这个共同体不可能与一套实在法规范相等同,否则这一预设就只是同义反复,根本无法把法律秩序与强盗秩序区别开来。没有这个超出实在法规范体系的共同体的前提,那么从实在法秩序出发,强盗秩序就是强盗而非法律,但从强盗秩序出发,实在法秩序也同样会被视为非法,因为强盗秩序同样可以有一个调整他们的行为的强制秩序。[①] 正义与否，未必是区分实在法秩序与非法组织的标准，因为非法组织内部甚至对外也可以遵循正义的行为规则。[②] 法学基本的预设，不是基础规范，而是能够作为法律秩序与非法律秩序之分界的共同体——一种必然不等同于实在法规范体系的共同体。基础规范说：应当像宪法缔造者所命令地那样行为。但基础规范是在向谁提出这个要求，制宪者又是谁的制宪者，或者制宪者又是在命令谁呢？

所以，“法律共同体”这个术语同时蕴含了实在法规范与超越其上的因素。在内外的区分尚不存在的时候，无所谓法律的共同体，因而法律共同体，亦即国家，必然同时是政治的共同体；[③]而政治共同体的秩序就表现为，并且必然表现为一个法律秩序。表现为法律体系的政治共同体，将其稳定的内涵与意义换形为一套规则系统，

---

① 即使考虑到凯尔森的国际法理论，这一点也不受影响；因为该理论自身很成问题。根据纯粹法学，国家的成立，也即国内法律秩序的成立（从而有别于强盗秩序），其条件在于满足“实效原则”这一国际法上的实在规范。但是对这一理论存在两点反驳：第一，“实效”是谁的实效、什么范围的实效？这条所谓的国际法规范也已经预设了非规范层面上的“共同体”。第二，即使不承认第一点意见，那么国际法规范设定的构成要件的满足，由谁来判断呢？根据凯尔森的观点，一个共同体是否满足“国际法意义上的国家”需要予以承认，该承认的权限被赋予相关的其他国家。可是，如果有些国家承认，有些国家却不予承认，那么从国际法的角度看，一个共同体就既是国家，又不是国家。这从统一法律体系（国际法）的立场看是一个显然的矛盾。为消除该矛盾，我们也许可以说，一旦条件满足，国际法上的国家就产生了，不依赖那些不予承认的国家的异议，不承认只是出于政治上目的的行为；或者相反，只要条件未得满足，即使有的国家承认了，承认也只是政治性的。如此一来，那个共同体在国际法上就必然是一个国家，或必然不是一个国家。但如此一来，“承认”就不再是一个必要的条件，也就是说作为适用“实效原则”的承认程序就无用了。可是，规范若不经机关的适用（这里就是各国的承认），又是谁来告诉人们，规范设定的条件已经满足了呢？似乎“承认”问题成了一个可由科学观察得出结论的问题。关于凯尔森的国家承认理论，参见［奥］凯尔森：《法与国家的一般理论》，沈宗灵译，中国大百科全书出版社 1996 年版，第 247 页以下。

② 非法的政党往往追求某种正义的理想。比较：“有秩序的共同体的统治权不同于海盗的权力，这一点不能按公正、社会功利性以及其他规范概念来加以理解，因为就连强盗也有可能遵循所有这些规范。真正的区别在于，一切真正的统治都代表着一国人民的政治统一体——而非处于自然状态中的众人。”参见［德］卡尔·施米特：《宪法学说》，刘锋译，上海人民出版社 2005 年版，第 227 页。

③ 这里参考了施米特的“政治”概念。泛详［德］卡尔·施米特：《政治的概念》，刘宗坤等译，上海人民出版社 2004 年版，第 89 页以下。另请参考施米特关于“平等”概念的讨论，参见［德］卡尔·施米特：《宪法学说》，第 242 页以下。

不过,不能认为实在法规范系统穷尽了或者能够穷尽这一意义整体。[①]

唯有终局者有权或者实际上作出最终统一的判断,法律共同体(从而政治共同体)才能够维持它的同一性。在这个意义上,终局者担负起法律共同体(从而政治共同体)代表的职责。[②] 终局者因而是一个双重的身份:它垄断法律的判断,具有创造法律秩序统一性的权能,并且在必要的限度内,通过它在应对具体情境时实际上作出的唯一被确定下来的判断,不断创造出法律秩序的统一性;同时它又是共同体的代表,但也只是代表。归结而言,终局者乃是作为代表的创造者、维系者。在其作为共同体代表的意义上,我们说,终局者系正当性的承载者。所谓"形式上的正当性",其含义即是此谓。

正因如此,尽管终局者是法律共同体同一性的维系者,但它却不是共同体本身;共同体的观念优先于终局者:"天之生民,非为王也,而天立王,以为民也。"(董仲舒语)[③]"终点"总是某一范围的"终点",终局者总是共同体的终局者。终局者并不自在自为,它是因为法律共同

---

① "综合来看,漱溟最终揭櫫的是法律作为一种人文设置的意义,即作为一种表达生活方式的规则、制度和意义的三位一体的社会—文化设置的意义。笔者体认,漱溟提出的这一法的概念,是一种'三位一体'的法定义,一个颇具解释性的所谓'间架性范畴',蕴含着规则、制度和意义三者之间的分梳与整合,紧张与自洽。"许章润:《法的概念:规则及其意义——梁漱溟法律思想研究之一》,载许章润:《说法 活法 立法:关于法律之为一种人世生活方式及其意义》(增订版),清华大学出版社 2004 年版,第 62 页。

② "代表"不是经济生活中单纯的"代理",因为"代表"假定了代表者与被代表者具有特殊的品质或价值。但当经济利益成为生存上的卓越价值的时候,经济体也能成为"政治的"。关于"代表"的概念问题,可参见[德]卡尔·施米特:《宪法学说》,第 222 页以下;[美]约翰·麦考米克:《施米特对自由主义的批判》,徐志跃译,华夏出版社 2005 年版,第 142 页以下。另外,也可参见张君劢先生对"受训令之代表"与"不受训令之代表"的讨论。参见张君劢:《中华民国民主宪法十讲》,商务印书馆 1947 年版,第 82～83 页。

③ "上帝是为人民造出国王,而不是为国王造出人民"。参见[英]霍布斯:《哲学家与英格兰法律家的对话》,姚中秋译,上海三联书店 2006 年版,第 12 页。另外还需注意,边沁与奥斯丁根据"多数人的服从习惯"这个肯定性条件来确定政治社会成立的标准,而主权者"没有服从另一个特定主体的习惯"这个否定性条件则只涉及政治社会的独立性;它不是政治社会本身的条件。参见奥斯丁对自己的主张与边沁所作的比较:[英]约翰·奥斯丁:《法理学的范围》,刘星译,中国法制出版社 2002 年版,第 237～238 页。

体而成其为终局者的。如果终局性总有超出法律规范的内容,那也只是因为法律共同体同时也超出了实在法规范。终局者是代表,因而终局性只是一个中介原则。

终局者作为形式正当性的担当者,它所中介的,正是实质意义上的正当性。形式意义上的正当性指出作为终局者的具体中介通道,创造出法律上终局性的权威。但“权威”的意思是权威自身受到信赖:人们之所以准备服从一种内容尚未确定的决策权力的根本动机是一种信念,自己在发生疑问的时候能够被其说服。[①] 实质意义上的正当性就指权威能够据以作出决定的理由。在此意义上,形式与实质的对比,就是决定本身与决定之理由之间的对比。纯粹的合法性概念在转变到规范观念的层面之后,也就是此类正当性的一种表现,尤其在现代,也许还是特别显著而重大的正当性表现之一。狭义法律科学之所以事关重大,就因为它是这一正当性的阐发者、看护者。

对权威的信赖总是通向权威给出的实质内容,就如形式总是联系到内容。然而权威却未必总是能够像被冀望的那样,作出正确的决定,或者作出正确的法律裁判,从而信任就可能落空。与此同时,中介又是必须的,否则共同体将无法持存,无法行动,无法实现。法律共同体通过终局者的中介,将自己不断转换为实在法规范,并且,实在法规范虽然是换形的结果,但它们又不得不继续被中介——只要争议存在,就必定如此。个中缘由,概在共同体需要规范方能形成统一性,但规范——不论是正义还是法规——却无法自我实现;若非存在终局者,共同体便会解体:需要规范的共同体成员却不能直接实现其目的。

---

① 参见[德]尤尔根·哈贝马斯:《合法化危机》,刘北成、曹卫东译,上海人民出版社2000年版(2001年第2次印刷),第61页。霍布斯已经指出了这一点:“当我们相信任何说法真确时,所根据的论点如果不是来自事物本身或自然理性的原理,而只是来自说话人的权威以及自己对他的推崇,那么,我们相信或依靠的便是说话的这个人,我们信任的对象便是他所说出而又被我们接受的话,崇信之荣也就是专归他一人了。……当我们信任任何事物时,如果所根据的理由只是作者及其著作的权威,那就无论他们是否是上帝派来的,都只是对这些人的信任而已。”参见[英]霍布斯:《利维坦》,黎思复、黎廷弼译,商务印书馆1985年版(1996年第4次印刷),第49页。

原则上排斥直接性而采纳中介原则，是法律的根本特点。[①] 在这一上一下之间，在落空的可能与中介的必要之间，具有一种不可消除的张力。[②]

法的概念的确就是一个复合体：当存在一个作为中介的权威，它能够介入对共同体的正确行为规则产生争议的双方，以便以共同体的名义终结争议，此时，法律就存在了。[③] 经过中介原则，当然有可能使人们认为不正义的规则成为法律，而违法的判决也仍然有效，但这是由于"终局性"这个理由而造成的。这并不能说明法律的自足，不能说明法律在概念上的自立。"法律"的概念是以整合双重的二元紧张关系为特征的：终局性（形式正当性）与实质正当性（以合法性形式表现

---

① 在这个方面最精彩的文献是施米特的两个神学短篇，即《罗马天主教与政治形式》《教会的可见性：经院学思考》，尤其是后者，虽然它不及万言。参见［德］卡尔·施米特：《教会的可见性：经院学思考》，刘锋译，载卡尔·施米特：《政治的概念》，刘宗坤等译，上海人民出版社2004年版，第78页以下；《罗马天主教与政治形式》，刘锋译，载卡尔·施米特：《政治的概念》，第47页以下。另外，我们也可以考虑一下哈贝马斯的法律哲学。如果不是经过法律代码的事实性中介，具有激进无政府主义倾向的商谈论原则，根本无法得到适用。事实性与有效性之间的张力所说明的，正是中介原则当中的紧张关系。泛详［德］哈贝马斯：《在事实与规范之间——关于法律和民主法治国的商谈理论》，童世骏译，生活·读书·新知三联书店2003年版。

相反，无政府主义者欣赏并坚持直接性的原则。巴枯宁就是一个例子。他的无政府主义立场、他对"直接性"的几乎没有保留的肯定以及对"中介原则"、"代表"观念的批判，参见［俄］巴枯宁：《上帝与国家》，朴英译，华东师范大学出版社2005年版，第18、19、20、22～30、32、48、52、53、59、82页。

关于为所谓哲学上无政府主义的一个辩护，请参见［美］罗伯特·沃尔夫：《为无政府主义申辩》，毛兴贵译，甘会斌校，江苏人民出版社2006年版。该著作几乎是作者自己设计的一套概念游戏，因为他设定一个必然导致否定中介权威的前提（事实上作为任意的自治），然后煞有介事地"演绎"出否定中介权威的结论。

② 贝克斯谈到"权威性"（authority）与"正确性"（correctness），换言之，也就是"终局性"（finality）与"正确性"之间的紧张关系。贝克斯正确地强调，两者不应偏废。See Brian Bix, *Jurisprudence: Theories and Context*, London, Sweet & Maxwell, 1996, Chapter 13, "Authority, Finality and Mistake", pp. 123－127.

③ "科耶夫主张……如果有一个不偏不倚和无私的第三方C，介入两个法权主体（subjects of right）A和B，旨在取消一方已压制了或表明要压制另一方行为的作为，那么，法权就存在了。"［美］霍斯/弗洛斯特：《普遍均质国家的可倡导性》，徐志跃译，载刘小枫选编：《驯服欲望——施特劳斯笔下的色诺芬撰述》，贺志刚等译，华夏出版社2002年版，第92页。与本文将其视为共同体的代表的观点不同，科耶夫将"不偏不倚"视为对普世有效的正义规则的忠诚。

的正当性类型,以及除此之外的正当性类型,如正义、必要性等)之间存在中介与被中介关系;作为合法性的正当性与其他类型的实质正当性之间则处于竞争的关系。这正是因为,通过终局者的构成性作用,法律成为可能;同时,终局因素也就把它所内含的特有结构,植入了"法律"的概念。

第二部分

附录　从实证性到实证化：程序、伦理与政治

1. 程序主义的法律确定性概念*

在其主要的法律理论著作《在事实与规范之间》的第五章和第六章，哈贝马斯涉足相对来说更为专业法学家所擅长的课题，探讨了法律方法的问题。他的目的是为法的商谈论作进一步的辩护，也就是说，哈贝马斯要在更为专业的法律理论①领域，试验他的商谈论，从而证明商谈论在重要的法学领域中具有全面的适用性。② 在这个司法领域，法律当中的事实性与有效性之间的内在紧张，表现为“法的确定性原则和对法的合法运用（也就是作出正确的或正当的判决）之主张这

---

* 本文原系《商谈法哲学与民主法治国》（高鸿钧等著，清华大学出版社 2007 年版）第五章。收入本书时略有修改。

① 这里需要对“广义的法律系统”、“狭义的法律系统”、“法律理论”（Rechttheorie）以及“法律教义学”（Rechtsdogmatik，中译本译作“法理学”）这四个概念做一个说明。在哈贝马斯的语境中，“法律理论”的概念是通过其对象以及它所采取的视角来加以双重界定的。从对象上说，它关注的是“狭义的法律系统”，包括立法、司法以及执法三个由法律构成的正式领域，但它也延伸到“广义的法律系统”。“广义的法律系统”除“狭义的法律系统”所涵盖的范围之外，还包括其他涉及法律的互动，比如家庭邻里间的行为、学校中的行为以及市场上的私人行为。因此，“广义的法律系统”事实上包括整个社会的法律面相，照卢曼的说法，就是构成一个子系统。也就是说，法律理论要形成一个关于整个法律秩序的理论，以此区别于法律教义学。而从狭义的视角来看，法律理论限定在实际生效的特定法律秩序之中，以此区别于正义哲学的视角；它采取一种法律的“内在视角”“参与者的视角”，这样，它便区别于理论家的“外在观察者视角”。法官的视角在法律理论中占有特别的地位。

② “现在我想从法律理论的角度，也就是说从狭义的法律体系的角度，来为这种思路进行辩护。”“法的商谈论首先必须在这个分析层面上证明自身的价值。”参见［德］哈贝马斯：《在事实与规范之间——关于法律和民主法治国的商谈理论》，童世骏译，生活·读书·新知三联书店 2003 年版，第 241、243 页。

两者之间的张力”。[1] 因此，

> 司法的合理性问题就在于：一种偶然地产生的法律的运用，如何才能既具有内部自洽性又具有合理的外部论证，从而同时保证法律的确定性(Rechtssicherheit)和法律的正确性(Richtigkeit)呢？[2]

换言之，法律的确定性原则要求，司法判决必须是“自洽的”，也就是说，它是受到既定的法律约束的，而不是被诸如法官的性格、体质、意识形态等法律之外的因素所左右的。这是规则之治或者法治理想的要求。如果判决不可能是一种依法裁判的活动，那么法治就会沦为幻觉与欺骗；另外，即便确定性是可以获得的，但实证法是立法者在具体的历史与环境条件之中制定的，不可避免地带有偶然性，那又如何保证根据实证法做出的判决能够满足合理的可接受性这个条件，以使判决“值得”服从呢？确定性与个案正义之间的冲突是一个古老的问题，法谚有云：“最严格的权利(法律)是最大的错误或不公正。”康德便认为这种“祸害”无法用法律形式消除，只好交给“良心的法庭”。[3] 哈贝马斯似乎呼应了康德的这一洞见，他说：“因为两者不容易调和，两套标准必须在司法实践中达成妥协。”[4]

“不可调和”意味着什么？“达成妥协”又是什么意思？是说在必要的时候牺牲法律的确定性，而在通常情况下使个案的正义屈从于法律的确定性或者并不发生这样的冲突吗？我想，这也许就是康德的“良心法庭”所要求的实践判断力，或者也许就是拉德布鲁赫公式所包

---

① [德]哈贝马斯：《在事实与规范之间——关于法律和民主法治国的商谈理论》，第224页。

② [德]哈贝马斯：《在事实与规范之间——关于法律和民主法治国的商谈理论》，第246页。

③ [德]康德：《法的形而上学原理——权利的科学》，沈叔平译，林荣远校，商务印书馆2001年版，第46页。

④ [德]哈贝马斯：《在事实与规范之间——关于法律和民主法治国的商谈理论》，第245页。

含的用意。[①] 但实际上,这并不是商谈法哲学在这个问题上的最终答案;更重要的是,哈贝马斯对法律确定性概念的理解本身就与传统观念存在很大的差别,这一差别也是哈贝马斯能够解决司法合理性问题的关键所在。

一、法律确定性的标准:从分析性到融贯性

当然,如果法官在作出裁判的过程中实质上根本不受法律的约束,如果判决完全属于自由裁量的范围,如果法律仅仅是法官实际上所说的东西,那么确定性就是一个幻象,一种意识形态,也就不发生确定性与判决的正确性之间的张力问题,因为按照这种主张,根本就不存在法律的确定性。如果还存在什么"确定性"的话,那也许是一种社会学上的规律,比如根据法官的"利益状况、社会化过程、阶级隶属关系、政治态度和人格结构"来进行经验研究,分析某位法官的判决实践,得出他或她的行为规律,从而得以预测将来的判决。这当然不能具有真正的确定性,原因既在于法官的人选会发生各种变动,更在于这种社会科学的规律本身非常可疑。实在论就是以这类外在因素来解释法官的判决过程的。这使法律确定性的理想变得毫无意义。既然司法过程是如此,那么执法过程似乎也可以这样看待,那样的话,法律体系就不得不放弃稳定行为预期的功能。没有确定性、不可预测的事物,怎么可能用来稳定人们的行为期待呢?但如此一来,这种极端的怀疑主义就无法解释法律系统事实上所履行着的这一功能。另外,一旦实在法对判决失去了约束力,那么判决就可以向任何一种"合法性"或正确性观念开放,为任何一种理由或目的服务,无论它是功利主

---

① "必须给整个民族和法学家的意识本身深深打上这样的烙印:可能有些法律,其不公正性、公共危害性是如此之大,以至于它们的效力,它们的法的本性必须被否定。"参见[德]拉德布鲁赫:《五分钟法哲学》,载[德]拉德布鲁赫:《法律智慧警句集》,舒国滢译,中国法制出版社2001年版,第159页。这个公式并不能概括拉德布鲁赫的思想特征。相反,拉氏法哲学的关键在于"法律理念的三个方面:正义、合目的性与法的安定性,根据所有三方面的理念来共同控制法律,即使它们可能出于尖锐的矛盾之中"。参见[德]拉德布鲁赫:《法哲学》,王朴译,法律出版社2003年版,第75页。

义、福利经济学或者是种种其他的价值。

与之相对,法律实证主义驳斥了这种规则怀疑论,承认了法律规则的语义约束力量。[①] 法律规则是由语词表述的,而语词具有一个意义的核心领域。这一核心领域足够确定。它发挥着法律的约束作用。在正常情况下,判决就是一个将案件事实纳入规则所设定的构成要件的涵摄过程。但实证论同样也拒绝了形式主义。[②] 不过它并不是从方法论上作根本的拒绝,而是根据规则的“开放结构”理论,[③]在常规案件之外引入“疑难案件”。所谓“疑难案件”是指应当适用的规则并不确定的情形。在这类案件当中,法官的判决无疑具有“选择性”,因为法官必须在规则系统没有明确给定一个必须在这类情形下予以适用的具体规则的情况下作出一个决断。在此,规则并没有提供必要的指引,也谈不上法律的约束力;这种选择性的决断过程就是自由裁量权的运用。[④] 实证论以“核心”与“边缘”对举,这就意味着多数/少数、常规/例外、主要/次要的关系,于是就降低了“边缘”情况提出的问题的分量,因而“无可奈何的选择”相对于正常的司法裁判来说,并不足以

---

① 对规则怀疑论的反驳,参见[英]哈特:《法律的概念》,张文显等译,中国大百科全书出版社1996年版,第七章。哈贝马斯论及的法律实证主义,主要涉及哈特的理论。

② 对形式主义的批评,参见[英]哈特:《法律的概念》,第七章。

③ “开放结构”(Open Texture)理论是哈特用来说明规则所具有的不确定性的一个语言哲学洞见。哈特写道:“就我们准备称其为一个规则的每种情况来说,都可能区分出规则肯定适用于其中的明确的主导情况和既有理由主张又有理由否定规则适用于其中的其他情况。当我们把特殊情况纳入一般规则时,任何东西都不能消除这种确定性核心和非确定性边缘的两重性。这样所有的规则都伴有含糊或‘空缺结构’的阴影,而且这如同影响特定规则一样,也可能影响在确认法律时使用的确定最终标准的承认规则。”参见[英]哈特:《法律的概念》,第123页。

④ 德沃金区分了“自由裁量权”一词可能具有的三种意义,实证主义者的“自由裁量权”理论被认为是在第三种意义上来使用这个词的:“有时候,我们使用‘自由裁量权’这个词,不仅是说,一个官员在适用权威机关为他确定的规则时,必须使用他自己的判断力,也不仅仅是说,任何人将来均不得对他所行使的判断进行审查,而是说,在某些问题上,他不受权威机关为他确定的准则的约束。”参见[美]罗纳德·德沃金:《认真对待权利》,信春鹰、吴玉章译,中国大百科全书出版社1998年版,第53页。“一个官员享有自由裁量权,并不意味着他可以不顾情理和公平的准则,可以随心所欲裁决,而只是意味着,当我们提到自由裁量权这个问题时,我们心目中的特定权力所规定的标准不能支配他的决定。”[美]罗纳德·德沃金:《认真对待权利》,第54页。所以关键问题就是判决是否受法律的约束或者支配,这也是与我们的论题相关的意义。

构成威胁,它仅仅是一个可以容忍的小小不便。通过这样一种方式,实证论便以"边缘性"的不确定性作为代价,保住了法律的确定性。① 确定性是保住了,但疑难案件中的判决如果只是法官根据自己的价值判断作出的,那它如何能够得到辩护呢?哈贝马斯认为,由于实证主义降低了这个问题的重要性——也就是说,在实证论看来,疑难案件只是"边缘"情况——它对司法的合理性问题,也就是确定性与正确性的紧张关系问题,作了一种不对称的处理:"对司法判决的实证主义理解过分重视了确定性保证而忽略了正确性保证。"②当然,造成这一结果的原因在于,实证主义认为价值判断无法客观地加以论证,③而疑难案件当中又不存在明确的规则,所以确定性与正确性就同时丧失了。

实证论的司法理论可以被看作一种理论混合体:形式主义与怀疑主义在具有"开放结构"的规则体系中分别占据着一个位置。但即便作为这样一种折衷的体系,实证论也在原则上受到了挑战。首先,它对"核心"领域或者一般状况下的司法过程所作的描述并不确切。诠释学向我们证明,对规则的适用比简单的涵摄过程要复杂得多。一个

---

① 哈特在这个问题上的总结性论断是:"这里,在这些非常根本的事情的边缘,我们应当欢迎规则怀疑主义,只要他不忘记是在边缘上他是受欢迎的;并不要使我们对以下事实视而不见,即法院之所以能在最根本的规则方面获得引人注目的发展,在很大程度上是由于法院在广大的、关键的法律领域中做出了毋庸置疑的规则治理工作并成效卓著。"(楷体为引者所加)参见[英]哈特:《法律的概念》,第152页。

② [德]哈贝马斯:《在事实与规范之间——关于法律和民主法治国的商谈理论》,第250页。应当指出的是,实证主义的方案也许并不一定像哈贝马斯所说的那样,对司法的合理性问题作了"不对称"的处理。因为,从实证主义的立场来看,规范的内容是不可论证的,所以他们把法律的有效性仅仅归之于法律在形式上通过符合法律的程序被制定出来这个事实。合法性在实证主义这里就等于合法律性,所以正常情况下的判决在保证确定性的同时,其实也就保证了实证主义意义上的合法性或正确性。这里真正存在争议的其实是实证主义意义上的"合法性"或"正确性"概念。

③ 比如,凯尔森就认为,"同关于现实的论述对比,价值判断具有纯粹主观的性质。价值判断是以我们的愿望和恐惧为基础的,那就是说,是以我们意识中的感情因素为基础的。它们仅仅是对于判断者有效的,因为它们是不能用事实证明的。"参见[奥]凯尔森:《布尔什维主义的政治理论》,吴恩裕译,商务印书馆1962年版,第9页。哈特认为,价值源于我们的情感结构,不能予以理性的证明;但价值也并不是任意选择的结果。这使人们想起休谟关于"平静的情感"的说法。关于这个问题,请参见[英]尼尔·麦考密克:《H. L. A. 哈特》(Stanford, California: Stanford University Press,1981),第四章。

案件事实的法律意义只有在参照一条既有的法律规则的时候才能得到确定,而一条抽象的法律规则的含义(它绝不是各个语词意思的简单相加),也只有适用到某个具体案件当中的时候才能获得具体化。所以法律推理既不是绝对地从法律规则开始,也不是绝对地从案件事实开始;相反,只有在法官已经对法律规则与案件事实之间的关系具备了某种前理解的时候,才能启动规则与事实相互接近的过程。司法过程就是一个通过在规则与事实之间的往返运动来寻找法律规则的过程。也就是说,规则与事实都不是明摆着的事物,而是都需要解释并且互相解释的事物。就规则而言,我们可以说,规则天生就是有待解释的。相对于形式主义的模式,在诠释学这里,确定性被降低了,因为规则的适用不再是自明的,而是有赖于法官的前理解。不过,问题在于,法官的前理解是从他所生活其中的社会历史情境、文化传统、个人生活历程当中获得的。不论它是表现为没有系统化的生活智慧还是一套特有的原则,它总是"碰巧"来自某种生活、某种历史传统。但在一个多元的社会,依靠法官"碰巧"得来的前理解所作出的判决,是无法得到合法化的。就此而言,诠释学稍稍降低了法律的确定性,但也把法律的正确性推向了可疑的境地。

另外,实证论对疑难案件的观察也不准确。实证主义之所以在疑难案件问题上坚持"自由裁量"的立场,是因为它狭隘地把法律看作规则的体系。规则具体规定了构成要件,它的模式是:如果某些条件得到了满足,就发生某种相应的法律后果。一旦把法律仅仅看作是这样一些条件性纲领的集合体,那么在规则发生冲突或者规则体系未能明确地包含当前案件的场合,法官就只能通过规则之外的因素来判断当前的案件。与此相对,德沃金认为,法律是一个双层的系统,除了具有条件性纲领的规则之外,还存在法律原则;当然,首先它们是"法律的"原则。这些原则具有实质的内容,比如"任何人不应从其错误中得利",因而道德视角被吸收在了法律之内;但它们并没有具体界定自身适用的条件。尽管如此,法律原则终究为法官设定了正确判决的义务。在疑难案件当中,法官也是受法律的约束的。法官并不能根据自己的价值判断任意地在不同的答案中选择一个。相反,他必须对自己的"选择"作出论证。由于原则本身并没有具体规定构成要件,在德沃金看来,这种论证就需要一种特殊的法律理论。它把法律视为一个整体;法官通过对这个整体作出解释,确定一条最适合当前案件的规则:"法官应该构思出一种法规,使它与法律中普遍存在的正义原则越接近越好。"①所谓"建构性诠释",就是要求法官对作为整体的法律所作的解释,应当得出一个"最好"的结论。法律原则的存在,使疑难案件也要求有一个"唯一正解"。这里的问题在于,既然要求法官应当得出一个"最好的"结论,那就意味着有一条用来评价解释结果的标准。这就是"在法律中普遍存在的正义原则"。具体而言,对德沃金来说,它就是"每个公民都得到平等的关怀和尊重"这一抽象的平等权利。所以,尽管德沃金的理论实质上也是一种诠释学,但它确立了一个诠释的规范性参照点,从而避免了上文提到的诠释学在正确性问题上的可疑之处。

哈贝马斯主要就是通过对德沃金法律理论的阐释与转化,来说明商谈论的法律理论在司法问题上的主张的。但是,德沃金的理论在"规则"的概念上首先还存在一个不足之处。德沃金把规则看作与原则不同的类型。它们详细规定了适用的条件,在具体案件当中,它们要么适用,要么无效。② 与之相对,原则并不是以这样一种全有或者全无的方式来加以适用的。在某个具体案件当中,一条原则被另一条原则胜出,这并不意味着退居其次的那条原则在这里就是无效的。它仍然有效:"虽然碰巧适合一给定问题的那条特定原则当然享受优先性,但退居其次的原则并不因此而失去其有效性,而仅仅失去其情境相关性。"③因为有效的法律原则本身没有具体地界定适用条件,所以需要在各个案件当中加以解释。某个原则之所以在给定问题上"退居其次",是因为解释的结果表明,该问题所处的情况并没有满足适用这条

① [美]德沃金:《法律帝国》,李常青译,中国大百科全书出版社 1996 年版,第 18 页。

② 或者给规则创设一个例外。但创设例外也就意味着,原来的规则"本来"对当前案件是有效的,但现在排除了它的效力。所以创设例外其实是"无效"的一种情形。

③ [德]哈贝马斯:《在事实与规范之间——关于法律和民主法治国的商谈理论》,第 257 页。

原则的条件。原则之间的权衡实质上是对其适用条件的阐明。这是一个语义—逻辑分析无法完成的任务。然而,根据诠释学的观点,规则也同样需要解释。就此而言,德沃金的“规则”仍然受到实证论的局限。哈贝马斯引用克劳斯·贡特尔的观点认为,除了那些只能运用于非常典型、非常明确的标准情形的规则之外,“所有规范都是内在地不确定的”。[①] 因为立法过程不可能预见所有的具体情境,它只是针对一些明显的典型情况确立了规则。一般性的规则只是从无数的事实因素当中汲取了某些典型的方面,而真实的案件事实都包含着各自特定的要素。所以规则天生是需要解释的。它们与原则的区别看来是程度上的区别。一旦我们把诠释学与德沃金的法律理论结合起来看,那么我们就会发现,一般案件并不是一个与疑难案件不同的种类。它只是在诠释问题上与疑难案件存在程度上的差异。对疑难案件的分析原则上也适用于一般案件。这样看来,恰恰是作为实证论的“边缘情形”的疑难案件,阐明了司法过程的一般性质:司法过程就是一个通过解释作为整体的法律、进而得出最佳结论的过程。所以,在司法过程当中同时进行着“内部论证”与“外部论证”,也就是说,一方面,法官的判决是根据他所选定的规则作出的;但同时在另一方面,所适用的规则本身是经过论证的,因为它是通过对作为整体的法律体系进行融贯地解释而得出的、对当前案件来说是最佳的规则。德沃金所谓的“完整性”(Integrity)一语双关:它既指法律作为一个包括了原则与规则的整体,同时又具有道德上正义或完善的含义,从而表达了这样一个共同体的政治理想:“在这个共同体中,联合起来的公民们相互承认为平等的和自由的人。”[②]这是因为原则将道德视角容纳到了法律之中。这一点恰与哈贝马斯想法相契合。[③] 在这个意义上,哈贝马斯认

① [德]哈贝马斯:《在事实与规范之间——关于法律和民主法治国的商谈理论》,第267页。

② [德]哈贝马斯:《在事实与规范之间——关于法律和民主法治国的商谈理论》,第265页。

③ 参见[德]哈贝马斯:《在事实与规范之间——关于法律和民主法治国的商谈理论》,第三章。德沃金自己对抽象平等权利的证明,参见[美]罗纳德·德沃金:《认真对待权利》,第六章。

为，德沃金的法律理论解释了“司法判决是如何可能同时满足法律确定性要求和合理可接受性要求的”①。

从实在论与实证论到诠释学与德沃金，法律的确定性不只是在有无或者程度上发生了变化，而且概念也发生了转变。程度上的变化以概念的转变为前提。无论是实在论对法律确定性的否定，还是实证论对它的肯定，两者的思考都是从“规则”的意象入手的。由于规则采取“如果……那么……”这样一种规定了具体适用条件的条件性纲领模式，实证论或实在论所预设的法律确定性概念就意味着，人们可以预见，在某种具体的情形发生之时，法院将会作出某种相应的法律评价。哈贝马斯将这一“结果的确定性”概念称为“古典的法律确定性概念”②，其标准在于“分析真理性”③。它把法律适用过程看作是分析或者形式推理的过程。与这样一种法律确定性的概念相应，法律的不确定性被认为来源于法律的结构本身（例如法律规则必然具有不确定性，因为就像任何一般性术语一样，法律规则总是存在一个“开放结构”），或者来源于法律体系本身是一个充满矛盾冲突的集合体（从一个本质上互相矛盾的体系是无法得出一贯的结论的）。

但是，如果法律是一个包含了规则、原则等因素的复杂体系，那它就无法容纳由“分析的真理性”所确保的古典确定性概念。这样一幅法律的图像所要求的不是分析的真理性，而是“融贯性”④，一个融贯的法律体系只为特定案件规定一个唯一正确的答案。作为陈述之有效性的标准，与演绎逻辑的分析相比，融贯性是一个较弱的标准，因为它是由实质性的理由构建起来的。前提与结论之间不是形式上可以推断的蕴含关系，而是由能够令人信服的理由联结起来的；另外，所谓

① ［德］哈贝马斯：《在事实与规范之间——关于法律和民主法治国的商谈理论》，第251页。

② ［德］哈贝马斯：《在事实与规范之间——关于法律和民主法治国的商谈理论》，第270页。

③ ［德］哈贝马斯：《在事实与规范之间——关于法律和民主法治国的商谈理论》，第260页。

④ ［德］哈贝马斯：《在事实与规范之间——关于法律和民主法治国的商谈理论》，第260页。

的“融贯”也不仅仅是指没有矛盾。[①] 因为通过原则引入的道德视角，使对法律整体的解释总是服从规范性的要求。与法律诠释学相比，德沃金的法律理论的特点在于，它有一个批判性“袭取”的基点，也就是上文提及的“法律中普遍存在的正义原则”。

相应于这种由“融贯性”所保证的确定性概念，法律的不确定性来源于诠释过程本身具有的偶然性。首先，由于法官必须在当前案件下对法律的整体做出最佳的解释，而法官只是肉眼凡胎，他有可能出错，有可能无法提供这种最佳解释，所以，诠释的过程伴随着这种能力上的不确定性，这使人们怀疑赫拉克勒斯[②]这个理想是否合理。其次，实在法是历史地产生的事物，可能很难对它加以合理的重构。所以，合理的或者正义的因素必须已经沉淀在那个具体的法律秩序之中，唯有如此，建构性诠释才能取得成功，毕竟法律理论不是超越实在法的正义论，它仍旧恪守着司法与立法之间的分离。我们看到，“唯一正解”所保证的确定性，伴随着诠释过程的不确定性；而“唯一正解”的正确性，同时又包含着诠释的错误可能性，另外还受制于既定的实在法秩序本身是否吸纳了合理性。

二、融贯性：德沃金方案中的问题

这些不确定性的来源，向德沃金的法律理论提出了若干重要问题。

首先，德沃金的法律理论对审判的法官提出了极高的要求。德沃金的法官在智力上需要能够与大力士赫拉克勒斯的体力相媲美：为了

---

① 通过沉淀在法律当中的“理性片断”所构建出来的融贯体系，很可能会使经验的法律材料当中的某些部分成为“错误”而被抛弃。所以这里的“无矛盾性”实质上是一个规范概念，而不是指实在法本身没有任何矛盾。不过需要提请注意的是，在哈贝马斯引入贡特尔的“规范”概念以后，普通司法过程主要成了阐明适用条件并根据当前案件的具体情境为各种规范进行排序的过程。某一既定的法律规范被作为错误宣告无效的问题不是本章的重点。相反，我们可以这样来理解《在事实与规范之间》第五、六章之间内容上的关联：第五章未作为讨论对象的部分，在第六章得到了处理。关于沉淀在法律当中的“理性片断”，参见下文。

② 赫拉克勒斯是希腊神话中的大力士，他曾以顽强的战斗精神克服重重困难，完成了天神赋予他的十二件艰险的工作。德沃金以赫拉克勒斯的大力来比喻法官超群的智力。

实现“完整性”的理想，他应当知道所有为论证所必须的原则和政策，还应当把现行法律各个分散要素连成一个融贯整体的论据网络尽收眼底。法官毕竟不是神，没有神力，他怎么能够完成如此理想性的工作呢？批评意见认为，德沃金的赫拉克勒斯式的法官是一个无法实现的理想。这个理想的作用只是掩盖不完美的现实，误导人们去接受事实上由利益状况、政治态度与意识形态偏见或者其他外在因素所决定的法律判决。

对此，德沃金将赫拉克勒斯这个理想解释为一种“范导性观念”。我们似乎可以比较哈贝马斯的“理想言谈情境”的观念来说明这里所谓的“范导性观念”。“理想言谈情境”尽管在现实的交往过程当中很难被完全实现，但是这些理想化的条件却是交往行为内在固有的预设。没有这种理想化，交谈就是不可能的。任何人，只要认真地参与一个论辩，就都无法避免这些理想化当中的语用预设。它是理想，又是现实。与此类似，赫拉克勒斯这个理想作为一种“范导性”的观念，不能直接用来解决具体问题。它的意义在于为法官赋予某种义务。只要法律是一个整体，只要作为整体的法律是有待解释的，那么对作为整体的法律作出最佳解释就是法官固有的法律义务。也就是说，追求法律所给出的“唯一正解”乃是内在于法官身份的义务。[①]

但即便如此，假如这项义务根本是不可能实现的，那么“范导性观念”就会变成“误导性”、“欺骗性”观念。让我们以上文提到的“古典确定性概念”之下的两种不确定性来源来作个说明。如果把法律只看作规则体系，而规则本身又具有一个意义的“开放结构”，那些落在“开放结构”范围内的疑难案件就无法根据法律来加以裁判。另外在规则冲突的时候，法官也不得不自己从中选择一个规则，而这种选择

---

① 对法官身份的理解，是与特定的法律观密切相连的。可以说，对“法律是什么”这个问题的回答，决定了法官的义务以及行使义务的方式、方法。例如，实证论在疑难案件当中放弃“唯一正解”而主张自由裁量，这是他们所持有的“规则”概念的结果。而他们之所以在此放弃依法裁判的主张，就是因为他们认为这在疑难案件当中是不可能实现的。从这个角度来说，理想化与可能性是联系在一起的。但是这里的“可能性”是概念上的而不是经验上的。参见下文的论述。

并不是由法律所决定的。在这个意义上,法官之所以无法实现追求“唯一正解”的义务,不是由于经验上法官的能力有限,而是由于不存在规范个案的规则,或者法律对同一事项同时做了两种以上不同的规定。在此,即使真有赫拉克勒斯的神力,也不可能求得唯一的法律答案。但是,如果法律不仅包括规则,还包括原则等复杂的因素,那么在疑难案件当中法官就可以通过对原则的解释来澄清规则,选择对当前案件来说最佳的规则。这样,疑难案件也有确定的答案。但是原则之间的冲突又该如何解决呢?要是像批判法学的倡导者所认为的那样,整个现行法律充满着矛盾的原则和政策,那么法律事实上就总是对某些相同的案件同时给出矛盾的答案。任凭赫拉克勒斯如何解释,都将如此。德沃金关于原则适用方式的理论已经包含了对该问题的回答。另外,德沃金强调说,发生“冲突”的原则和相互“矛盾”的原则之间存在决定性的区别。“矛盾”意味着对同一事态作出相反的规定,该事态同时满足两条相互矛盾的原则的适用条件。而“冲突”则是一个针对具体情境的恰当性问题。有可能乍看之下,有两条原则明显都是适用于某一案件的。但这只是表面上的“冲突”。通过对法律整体的解释可以得出结论认为,其中一条原则与该案件更有相关性,因此这条原则就“胜出”,而另外一条原则就“退居其次”。前文已经提到,事实上,规则也需要解释。对规则所包含的构成要件的意义,就像对原则是否适用于当下案件的问题一样,都需要具体地加以澄清;而这正是赫拉克勒斯法官工作的出发点。

如果法律原则之间的关系诚如德沃金所说,那么事实上每一个案件都会要求对法律原则做出新的排列。只有具体的事实情境才能确定原则之间的特定排列。这是一件繁重的工作,因为每一次都需要重新对所有的原则进行排列。但这样一种复杂性可以通过引入当时占据主导地位的“范式性法律理解”来予以降低。在“范式性法律理解”当中,有效的规范(包括原则、政策与规则)针对典型的情境,已经被排列成一个具有传递关系的序列。它确立了法律专家与公民共享的背景理解。然而,不能忘记的是,范式本身也不能免于反思。因为它容易僵化为意识形态。所以一种本身具有反思能力的范式，可能是一个更好的选项。①

赫拉克勒斯这个理想化作为"范导性观念"在概念上是必要的，它不是一个凭空无据的"乌托邦"；另外还有"范式性法律理解"这样的手段来降低法官解释工作的复杂性。但是，解释工作的错误可能性在经验上是无法被消除的。审级制度本身就是对错误可能性的认可。不过，这一点正彰显了追求"唯一正解"作为法官义务所具有的规范性。只有规范才能被违反，而事实上不可能被违反、不可能被偏离的事情，是没有必要被规定为规范的。

其次，德沃金的理论预设了一个前提："理性的片断"必须已经沉淀在实在法律秩序当中。判决的正确性是从政治立法者所论证过的规范那里借来的，对于法律理论而言，这些有效性是被预设的。然而，法官们无法避免对事先给定的这些规范进行重构，因为他们若要解决规范之间的冲突，就必须假定全部有效规范最终构成一个理想的融贯体系。为此，就必须存在一个诠释的基点，存在一个现存的"理性片断"。但是人们会产生怀疑，要是某些法律秩序没有包含这类"理性的片断"，它们采纳的原则本身就是非正义的，那又怎么办呢？这个前提为法律理论设定了界限。例如，德沃金的法律理论似乎很难在纳粹的法律秩序当中加以运用。当然，对德沃金来说，所有现代法律秩序"都诉诸法治的观念，并且，即使实践理性在制度史中痕迹稀疏，这些秩序也为批判诠释提供了一个可靠支点"②。德沃金从理论上证明，对每个人平等的尊重与关怀这样一种要求：

> 在它最浅表的层次上，它可能意味着，支持原初状态，将其作为策略的对正义的推理原则，在这本书所指定的社会中具有如此广泛的基础，以至于这个社会不可能在不根本改变它的思维模式

---

① 哈贝马斯在《在事实与规范之间》的第九章讨论了法范式的问题。

② ［德］哈贝马斯：《在事实与规范之间——关于法律和民主法治国的商谈理论》，第265页。

> 的情况下，放弃这些原则来论证政治道德。在其最深刻的层次上，它可能意味着，这些原则生来就是一切人的共同道德范畴，印在人们的中枢神经结构之中，所以，一个人，除了根本放弃对道德问题的思考的能力，否则将不能拒绝这些原则。①

这一点与哈贝马斯通过商谈原则对基本权利体系所作的证明正相呼应。纳粹的法律的确为德沃金式法律理论设置了界限，但那是“公然的暴行”。非理性的暴力为一切理论思考都设定了界限。所谓“秀才遇到兵，有理说不清”，就是这个道理。需要强调的是，我们这里以具有道德意涵的“理性片断”来进行说明，但对法律体系的重构所借助的理由不应当仅仅被理解为道德，因为在商谈论看来，法律的有效性是从立法程序的合理性来评价的，而立法过程合理性的衡量标准除了道德的理由之外，还存在伦理的、实用的理由，以及妥协的公平性，另外还包括是否具备信息、信息是否具有相关性和说服力、信息加工是否有成效等因素。在德沃金的法律理论当中发挥作用的也不仅仅是原则，还包括政策。②

上述解释在一定程度上缓和了新的不确定性所带来的疑问。但是我们必须注意，对哈贝马斯来说，新确定性概念的引入，并没有完全抛弃“古典确定性概念”。相反，由于法律是一个复合体，除规则之外，还有原则等更高层次的因素。所以确定性概念也不仅仅具有单一的层次。毕竟，能够十分确定地加以运用的规则还是存在的。但是现在，它成了一条必须同有关的其他原则进行权衡比较的原则。“融贯性”则在另一个较高的层次上保证一种相对较弱的确定性。就此而言，哈贝马斯对司法合理性问题的处理，与本文一开始提到的几种观点有类似之处。

---

① ［美］罗纳德·德沃金：《认真对待权利》，第212页。

② 正是法律有效性理由的多样性使法律与道德既联系又区别的关系能够得到恰当的说明。法律商谈，包括司法过程当中的运用性商谈，在论辩逻辑上都更为复杂。因此，哈贝马斯强调，不应当像罗伯特·阿列克西那样，将法律商谈视为道德商谈的一个特例。

三、程序主义的法律确定性:从独白走向商谈

德沃金的法律理论及其相关的新不确定性概念已经阐明。现在的任务是对它进行程序主义的转化。首先一个问题是要说明司法裁判过程乃是一个特殊的论证过程。

上文已经提到,司法过程本质上是一个同时进行“内部论证”与“外部论证”的过程。所谓“外部论证”指的是通过“融贯性”标准的检验来确定一条应当予以适用的规则。在德沃金那里,这个检验的过程可能会否决某些原来是有效的规则。但对哈贝马斯在这里的关注点来说,这不是普通司法过程的情形。就原则而言,“外部论证”的过程并不是导致某条原则的无效,而是导致原则之间不同的排列组合。所以它是一个对原则未予明确界定的适用条件加以阐明的过程。另外,如果规则不仅仅包括那些德沃金或者实证论意义上可以毫无疑义地予以适用的情况,而是天生需要解释,也就是说,规则自身规定的构成要件本身仍然有待具体化,那么“外部论证”的过程也就包含了对规则适用条件的阐明,也就涉及不同的规则在具体案件当中的排序。只有经过了这些对适用条件的澄清过程,才能选定一条在当前案件之下应予适用的规则。这样“外部论证”主要就是对适用条件的具体化。哈贝马斯用“规范”一语将原则、规则都包括在内。所以,“外部论证”就是对规范适用条件的解释,它实质上是规范的运用。立法(创立规范)与司法(适用规范)之间的区别被坚持下来。

创立一般规范的立法过程之所以与适用一般规范的司法过程具有决定性的差别,原因在于对一般规范的证立与对规范的适用条件是否已经得到满足这个问题的论证,各自具有不同的逻辑。故意杀人者是否应当被判处严厉的惩罚,比如死刑?更为抽象的问题则是:是否应当禁止故意杀人?这是在立法过程中提出的一类问题。它们的一般结构是:某种情形是否应当被赋予特定的法律后果?而在司法过程中提出的问题类型是这样的:法律规定的要件是否已经得到满足?再以有关故意杀人的法律为例,问题就是:本案当中的被告的行为是否

满足故意杀人的要件？在此，有关故意杀人应当判处死刑的规范，其效力已经是确定了的。立法者在证立一般规范的时候，当然想到一些典型的情境。这些典型的情境也是规范运用的条件。但无论如何，立法者无法预知所有情况，而且一般规范的抽象表述方式也不可能把所有事实因素都描述殆尽。因此，规范在它们对情境的指涉方面，就仍然是不确定的，是需要在个别的案件中作“附加说明的”。[①] 对规范有效性的论证与对有效规范适用条件的论证（哈贝马斯称为对规范的情境恰当性的证明），这两者之间的区别是立法权与司法权互相区别的前提条件。因为，假如不存在需要对运用条件的“附加说明”这项任务，假如规范能够像机器一样自动地应用，那么或者我们可以用机器来代替法官，或者根本就不需要设立法官，每个人自己就可以成为法官，而只需负责强制的机构来执行这些个人的判决就可以了。然而，这种可能性只是幻想。

哈贝马斯分别以“论证性商谈”与“运用性商谈”来命名立法与司法当中的论证类型。但是，在德沃金的法律理论当中，赫拉克勒斯法官却是一个独白者，仿佛司法过程是在单个法官的脑海当中就完成了。这也给“融贯性”标准蒙上了可疑的阴影。作为陈述有效性的标准，尽管融贯性不同于分析的真理性，但它似乎还是有被简单地理解为语义标准的危险。这样，它与分析真理性就只存在程度上的差别。所以哈贝马斯在解释“融贯性”概念的时候就及时引入了语用学的理解：陈述之间的融贯是由实质性论据所确立的，“因而是具有如下语用性质的理由所确立的：这些理由能产生出论辩参与者之间的一种基于合理动机的同意”。[②] 规范不是自然现实，它是一种社会构造，关于规范的陈述无法通过符合某种自然事实这样一条标准来加以检验。所以融贯性标准必须通过商谈论来重新理解。既然无法运用真理符合

---

① ［德］哈贝马斯：《在事实与规范之间——关于法律和民主法治国的商谈理论》，第267页。

② ［德］哈贝马斯：《在事实与规范之间——关于法律和民主法治国的商谈理论》，第260页。

论来满足有关规范意义问题的命题,我们也就不能指望通过实质理由关联起来的融贯性标准,能够仅仅从逻辑—语义的层面确立起来。在哈贝马斯看来,必须将理由的语用属性补充进来。陈述的有效性的兑现,在于其有效性条件的满足。而有效性条件是否得到满足,只能通过论辩参与者们"无强制的同意"来保证。这样,"融贯性"的标准就转移到了论证的过程或者程序之中。所谓的"正确性"就意味着由好的理由所支持的、合理的可接受性。所以,"法律判决的正确性的衡量标准,说到底是判决过程对那些使公平判断成为可能的交往性论辩条件的满足程度"。[1] 我们可以说,"运用性商谈"就是一个在合理的程序当中利用理由来证明某一原则或者规则的适用条件是否得到满足的过程。这也就是一个进行合理商谈的过程,只是它的目标不是论证规范的有效性,而是论证条件是否满足,规范对当下的案件是否具有情境相关性。

但是,"无强制的同意"需要诉诸"理想的言谈情"境这个理想,而司法过程则需要在某个时机在事实上结束一场论辩。一方面是论辩参与者实际提出的单个论据,它们至少具有一定的说服力;另一方面"唯一正解"又是一个无条件的主张,并且原则上,可能的论据系列是没有尽头的。这两个方面之间形成一个需要填补的缺口。哈贝马斯将司法过程理解为一个"合作地寻求真理的论辩过程",[2]通过这样一个过程,需要予以填补的缺口得以闭合。所以,司法过程必须从两个方面来理解。首先,建制化的司法程序既要保证司法商谈能够获得一个不受非理性因素干扰的商谈空间,它自身又不能干预司法过程内在的论辩逻辑,同时它又使得商谈在事实上的结束成为可能。其次,司法过程当中提出的种种有效性主张必须遵循商谈的内在逻辑来进行,这一点当然只能由司法过程的参与者自身的论辩实践来加以保证。

---

① [德]哈贝马斯:《在事实与规范之间——关于法律和民主法治国的商谈理论》,第282页。

② [德]哈贝马斯:《在事实与规范之间——关于法律和民主法治国的商谈理论》,第280页。

司法程序自身的合理性标准及其作为实在法建制既定的事实性,以及司法商谈参与者自身的论辩实践的质量——这两方面的因素包含着事实性与有效性的内在紧张关系,并且内在于司法过程之中。对规范恰当性的论证,在个别的案件当中只能暂时得到满足,“融贯性”不得不只能是由目前有效的融贯理由所构建起来的,所以是可错的。但商谈理论允许一种趋向极限的论辩实践的观念,确定性与正确性在具体的情境下得到满足,但又向以后的论辩开放。这一不断商谈的过程被理解为一个学习的累积进步的可能性。

“无强制的同意”意味着论辩参与者能够接受其他参与者提出的主张。这只有从第一人称复数这个主体间扩大了的视角出发,也就是只有从“我们”这个视角出发,才能加以判断。所以哈贝马斯说,作为交往行动的反思形式,“论辩实践在所谓社会本体论上的特征就在于参与者视角的完全的可逆转性,它使商谈性集体的高层次主体间性成为可能”。① “我”提出的主张必须能够成为“我们”的。但如果赫拉克勒斯只是一个独白的角色,那么他只能得出他自己的意见。“融贯性”就只是在他自己看来是融贯的一些陈述。然而,“完整性”既然表达的是共同体共同的政治理想,那么作为独白者的赫拉克勒斯与“完整性”之间就存在某种紧张关系。只有假设法官由于其专业知识与个人德性上的特殊资格能够代表共同体来确保法律共同体的完整性,才能消除这两者之间的紧张。但哈贝马斯援引米歇尔曼的话认为,确切地说,法官与共同体的公民之间不是拥有完整性的代表与被它所代表之对象的关系,而是前者面对着共同体体现它的完整性与自治性。因而,共同理想(或者公共性)不能被那个自称是“代表”的个人所占有。② 这里也许出现了哈贝马斯程序主义中的激进民主内涵与德沃金自由主义的差别。但是无论如何,既要求通过法律来维护和巩固公民

① [德]哈贝马斯:《在事实与规范之间——关于法律和民主法治国的商谈理论》,第280页。

② 这里涉及一个复杂的“代表”理论问题。本文不拟讨论,读者可参见[德]卡尔·施米特:《宪法学说》,刘锋译,上海人民出版社2005年版,第222页以下;[美]约翰·麦考米克:《施米特对自由主义的批判》,徐志跃译,华夏出版社2005年版,第142页以下。

之间的凝聚与团结，实现社会整合的功能，又要把该项任务交给一个独白的法官去完成，这两项要求之间的关系总是可以质疑的。哈贝马斯认为，恰恰是完整性这个角度应该使法官摆脱独白式理论构造的“孤独性质”。[①] 事实上，摆脱独白而使司法过程成为一个合作的理论形成过程的进路，也考虑到法官个人在理论建构这一苛刻的任务上所肩负的沉重负担。

所以，必须转化赫拉克勒斯的独白特征。从独白走向商谈，与陈述的语义学上的有效性转向语用学上的有效性是内在地关联在一起的。

为完成这一转化，人们首先想到的就是，审理案件的法官本来就不是单个的。德沃金身处其中的美国法律制度，其联邦最高法院的法官们本来就是复数。因此，也许我们通过把赫拉克勒斯变成复数，就可以解决问题了。之所以把复数商谈者只扩展到法官是因为：一方面，将苛刻的理论构建任务只让单个法官来承担的做法，既使法官不堪重负，又导致了较大的错误可能性，所以必须予以弥补；另一方面，又必须顾及司法判决过程的专业性质。前者要求把更多的视角容纳进解释法律的事业，后者则根据专业分工的逻辑为这种扩展设置一个界限。如此一来，法官的解释就进入了一个专业共同体的解释程序之中，它受到该专业共同体所确认的程序原则和解释准则的约束。每一个法官的解释都可以通过共同体主体间的审查来加以评判。

不过，与德沃金的唯我论相比，专业共同体的进路也并不是更容易摆脱可疑的境地。它确实把单个的视角转变成了复数的视角，但仍然局限于与公民相对立的领域。共同的程序原则与解释准则为司法过程提供辩护与论证，但是这些共同标准自身的有效性还需要证明。它来自解释共同体的职业文化传统。但这种职业传统也许仅仅起到为专业阶层进行自我合法化的作用。归根结底，职业阶层的这种事实上具有的自我理解，无法证明那些为判决提供合理性的程序原则与解释准则是有效的。如果一方面认为，判决合理性的保证在于做出判决

---

① [德]哈贝马斯：《在事实与规范之间——关于法律和民主法治国的商谈理论》，第274页。

者的内部标准；另一方面又认为，合理的判决既满足判决的自洽性，又能够使当事人基于合理的理由而加以接受，这听起来就有些奇怪。德沃金的赫拉克勒斯所面对的质疑就在这里：他所要得出的是“他自己的意见”，但他却声称维护了所有公民的共同理想。所以，专业共同体的共同标准自身还需要加以证明。那么证明的办法在哪里呢？[①] 在专业共同体内部的各种要素上打转将只会是循环论证。

哈贝马斯将争讼双方也包括进来，因为他们是司法过程中的商谈参与者，而且判决的合理可接受性问题预定了争讼双方的特殊重要性。论证性商谈涉及全部可能有关的人们的利益，但某个具体案件的问题在于哪个规范对它来说是恰当的规范，诉讼当事人对于规范的诠释具有直接的利害关系，所以这些具体利益就走到前台。法官、争讼双方共同进入一个“合作地寻求真理的论辩过程”。可问题是：经验表明，诉讼双方的行为都以获取己方的胜诉为目的，并诉诸各种策略性的行为方式与手段；各种有关法庭辩护技巧的课程，各种有关争取陪审团或者法官好感的技术性说教，无不说明司法过程的工具理性特征。然而在商谈论的眼光之下，情况并不如此。商谈论维护了对抗制诉讼的一个前提：竞争有助于产生真理。从法官的视角来看，[②]不管诉

① 我们可能会自然地想到陪审制度，但哈贝马斯没有对此进行讨论。从商谈论的角度来看，由于它本来就要求法官的视角能够与共同体其他成员的视角相互转换，所以陪审制度在此并不构成问题。

② 哈贝马斯强调，只有这种“法官的视角”才对论证判决来说具有“构成性意义”，参见［德］哈贝马斯：《在事实与规范之间——关于法律和民主法治国的商谈理论》，第283页。这种“构成性意义”可以下面一点来理解：司法过程的最后环节，是法官集体秘密商谈并对案件做出判决，哈贝马斯称之为一个“程序法的真空”，其作用在于确保法官独立性，使之免受外部影响。但也正是因此，这个最后环节就取决于法官的专业能力，参见［德］哈贝马斯：《在事实与规范之间——关于法律和民主法治国的商谈理论》，第290页。这听起来似乎有些矛盾：一方面，必须扩展视角，既要防止赫拉克勒斯的独白性质，又要防止法官职业群体以自我正当化理由取代共同体的理想所施加的各项要求；另一方面，法官的视角又在诉讼过程当中具有构成性的意义。但事实上这是可以理解的。因为司法过程的性质是争讼双方以外的第三方对争议做出判断从而结束争议，所以最终的判断必须由作为第三方的法官作出，否则就不存在司法裁判的问题了。这就是这里所谓的“构成性”的含义。关键的问题在于，法官为判决所做的论证不是单单从他个人的、或者单单从他们自己封闭的职业圈子的视角出发来进行的，而是向当事人并且也向整个共同体开放。法官提出的理由应当是能够被参与者共同接受的。详参下文。

讼过程参与者的动机是什么，他们都对有助于公平判断的商谈过程做出了贡献。具有决定意义的不是诉讼过程参与者事实上怀有的动机，而是各种理由的说服力。如果我们把现行的法律看作一个理想地融贯的规范体系，那么对法律问题的争议，关键就在于哪种解释是最佳的。作为一个商谈的过程，诉讼过程就是一个说理的过程，是对有关法律问题的商谈式澄清。诉讼牵涉的事实问题也同样如此。它所保证的不是结果的确定性，而是"依赖于程序的法律确定性"。[①] 确定性问题就变成了这样一个问题：有关各方可以确信，在产生司法判决的商谈程序中，起到决定性作用的不是任意的意见，而是相关的有说服力的理由。当事人所拥有的，不是某种经过逻辑推演便可以单纯从确定无误的规则得出的"结果"，而是他或她根据整个融贯的法律体系"理应"拥有的那些权利。

不仅如此，整个共同体都被包括进来了。根据融贯的规范体系所做的个案诠释，仍然与论证性商谈当中的普遍视角保持联系。因此法官与共同体其他人非参与者的视角，应当仍然是可能互相转换的。所以单个案件的诠释虽然总是与当事人的利益有着直接的关联，但原则上，它也是能够为共同体所接受的。

至此，我们可以为商谈论的法律确定性概念作一个总结。新的法律确定性是由"融贯性"所确保的：被视为一个融贯的理想整体的法律体系，为每个案件只规定了一个答案，并且是唯一正确或者最佳的答案。确定性与正确性在此一体两面，由同一个寻找法律规范的过程所实现。但"融贯性"无法仅仅通过逻辑—语义的层面来获得，因为整个法律体系是通过实质理由贯联成一个理想整体的。关于规范的解释无法通过某个经验事实来加以验证。也因此，对"融贯性"所保证的"正解"（正确性）的"唯一性"（确定性），必须作商谈论的理解；它是相关的论辩参与者对系争案件当中有疑问的有效性主张达成的一种无强制的同意。这就要求司法过程作为一个商谈论辩的过程，应当保

---

① ［德］哈贝马斯：《在事实与规范之间——关于法律和民主法治国的商谈理论》，第271页。

证某种理想的言谈情境，从而确保同意的无强制性。确定性与正确性就此被转移到了一个公平的商谈程序之中，成为依赖程序的法律确定性、依赖程序的正确性或曰可接受性。与古典确定性概念不同，程序主义的确定性概念所要求的，乃是相关各方能够确信，通过一个公平的程序，他们得到的是能够根据有说服力的理由支持的结论。确定性的信念在于这个法律适用的程序，而不在于某个特定的结果。

但是自由交往的那些语用预设只能近似地实现。一方面，由于调节的需要，也就是说，由于司法过程必须在某个时机结束，必须有一些限制，建制化的司法程序所发挥的就是这个作用；另一方面，建制化的司法程序所调节的并不是商谈逻辑本身，相反，它旨在为商谈构建一个自由交往所需要的制度框架。建制化的法律程序与实际的商谈逻辑彼此交织在一起。这两个相互交织的方面自身都具有事实性与有效性的紧张关系：作为建制化的事物，程序法可能并不理想，或者存在各种缺陷，所以从一个更广泛的视角来看，司法商谈还成为对程序法进行反思的契机；作为实际进行的运用性商谈，司法论辩的过程无法完全实现商谈论的理想化。更为重要的是，虽然程序法设定限制的目的是要保证商谈的逻辑能够自由进行，但为了能够确定地作出判决，它毕竟设置了事实上的限制。所以确定性与正确性之间的紧张，也就是司法的合理性问题，以一种新的形式出现在法庭判决实践的语用层面上：程序法的事实性吸收商谈过程在“认知上的不确定性”；[①]在另一个层面上，商谈过程仅以理由取胜，在共同寻求正确答案的过程中，对法律作出一个可以共同接受的最佳解释。如此一来，新的确定性概念就成了一个多层次的复合系统（参见下表），并且在追求确定性的过程当中，正确性或者判决的可接受性一并得到保证：新确定性概念既包括了程序法为克服“认知不确定性”而发挥的事实性作用，又包括了“融贯性”所给予的法律解释的唯一性；新的确定性概念在程度上有些降低，但它使对司法的合理性问题的解决成为可能。

---

① ［德］哈贝马斯：《在事实与规范之间——关于法律和民主法治国的商谈理论》，第140页。

程序主义确定性概念解析①

<table>
<tr><td rowspan="2">确定性
（自洽性）</td><td colspan="2">程序法的调节，克服认知
不确定性</td><td>运用性商谈的
外在程序</td><td rowspan="2">事实性
（合法律性）</td></tr>
<tr><td>唯一正解</td><td>融贯性</td><td>运用性商谈的
内在程序</td></tr>
<tr><td>正确性
（可接受性）</td><td>唯一正解</td><td>融贯性</td><td>运用性商谈的
内在程序</td><td>有效性
（合法性）</td></tr>
</table>

① 本表格没有提供程序主义确定性概念系统的一个详尽描述。

2. 司法审查与民主立法机关的优先性问题*

哈贝马斯从程序主义的角度对德沃金提出的建构性诠释理论进行了辩护,说明了一种既能维护法律的确定性又能确保判决的合理可接受性的裁判理论。但是这个方案也有一定的代价,因为实在法作为历史情景中具有偶然性的材料,并不是任何时候都能够通过建构性诠释而成为融贯的整体的。当立法提供的规范无法经受融贯性检验的时候,①问题就出现了:如果否认法院有权宣告该规范无效,那么司法的合理性问题在此就未能得到解决;司法审查允许法院拥有宣告违宪的规范为无效的权力,但如果允许法院宣告该规范无效,那么一种建构性诠释的司法理论似乎就侵入了立法所具有的职能范围。

在民主法治国的语境之下,这就是司法审查的民主基础或者合法性问题。基于论证性商谈与运用性商谈各自不同的逻辑,哈贝马斯认为司法与立法概念在法律建制化方面有不同的要求,不同的论辩逻辑必须以不同的方式在法律上建制化。② 也就是说,司法必须与立法分立,以保证民主立法机关的优先性:

---

* 本文原系《商谈法哲学与民主法治国》(高鸿钧等著,清华大学出版社 2007 年版)第六章。

① 可能无法经受融贯性检验的规范可以出现在法律体系的各个层次,即使同是立法机关制定的法律也可能存在不同的情况。有作者指出,并不是任何可疑的规范都触及合宪性问题。参见[美]盖多·卡拉布雷西:《制定法时代的普通法》,周林刚、翟志勇、张世泰译,北京大学出版社 2006 年版,第 10 章。

② 参见[德]哈贝马斯:《在事实与规范之间——关于法律和民主法治国的商谈理论》,童世骏译,生活·读书·新知三联书店 2003 年版,第 210 页。

> 因为司法的判决是同法律和法规连接在一起的，所以司法的合理性基础是现行法律的合法性。这种合法性又进一步取决于一个立法过程的合理性，这个过程在宪法的权力分立条件是司法机构所不能支配的。①

但是，司法审查似乎破坏了民主立法机关的这种优先性而使法院变成了一个与立法者相互竞争的角色。哈贝马斯以一种更为尖锐的方式提出了问题。在他看来，合宪性审核无疑属于立法的功能之一。② 毕竟，这项权力将最终决定被质疑或提议的规范是否有资格成为共同体的有效法律。他提议说，如果把合宪性审查的功能在立法机关内部加以制度化，也不失为一个值得考虑的思路；相反，由法院来承担此项责任的做法，倒背负上了证明的责任：③赋予合宪性审核一种司法审查的形态并在实际上要求法院对立法的合宪性进行二次审查，其合理性何在？

关于司法审查的讨论是非常丰富的。有的辩护单纯从方法论的角度进行，认为只要在方法论上确认司法审查的司法属性，即可以摆脱民主合法性问题。例如，菲利浦·波比特就干脆将合法性讨论贬为一个伪问题，根本不需要一种特殊的合法性理论来为司法审查进行论证。④

---

① ［德］哈贝马斯：《在事实与规范之间——关于法律和民主法治国的商谈理论》，第296页。

② 哈贝马斯将法律商谈作为立法过程的最后环节，这一环节所做的工作实质上就是我们所要讨论的司法审查过程中所涉及的问题。参见［德］哈贝马斯：《在事实与规范之间——关于法律和民主法治国的商谈理论》，第205页上的图示。

③ 参见［德］哈贝马斯：《在事实与规范之间——关于法律和民主法治国的商谈理论》，第299～300页。

④ 波比特论证说，司法审查合法性问题上的争论是一个伪问题，主要是由于宪法论证中的虚假的图像引起的："所有那些试图从法律论证传统之外发现一个规范性基础的努力都误解了法律中的合法性的特征。宪法、传统的法律论证理论以及司法审查等都没有要求合法性。当法律论证的传统被坚持的时候，法律的合法性就得到了。"波比特提出法律论证是通过六种模态或方法来进行的。参见［美］丹尼斯·M. 帕特森：《法律与真理》，陈锐译，中国法制出版社2007年版，第七章。帕特森指出了问题所在：不同模态之间一旦产生冲突，那个因为方法视角而遮蔽的合法性疑虑就再度产生了。

事实上,凯尔森也是以类似的角度来看待司法审查问题的。只要司法审查能够被理解为对宪法的运用,那司法审查就是法律适用机关不可避免地要承担起来的职责:“将由法院所适用的一般规范曾以宪法所规定的方式创立这一事实,是法院在具体案件中是否必须命令制裁所取决的条件之一”。[①] 另外的辩护则放弃方法论的努力,否认司法审查过程中的宪法解释是一个特殊的推论过程,但同时认为可以从功能上为宪法法院寻找合法性资源。弗兰克·米歇尔曼即将司法审查作为共和国多元性的整合力量,它“挑战‘人民的’自我封闭的倾向”,从而促进“人民”进行变革性自我修正的能力,并兑现共和国作为共同体平等对待其公民的承诺。[②] 在此,法院恰恰是以其非多数主义身份来表明自己对民主共和国的贡献的。

与上述单方面的视角不同,哈贝马斯分别从方法论与司法审查的民主功能两个角度展开辩护。两个角度相互结合的做法带来了相当复杂的问题。我们在一开始就可以指出这里的问题所在:如果合宪性审查本来就是立法机关的应有之责,而将它交付一个司法机关履行的做法却又能从方法论的角度来加以论证,那就说明这项立法过程中的职能自身就具有司法的结构。当然,双重辩护视角的选取是由哈贝马斯独特的理论意图所决定的。之所以不能从单纯的方法论角度进行辩护,是因为建构性诠释的理论在需要否定特定规范的场合遇到的是它自身的局限,哈贝马斯承认对立法所提供的规范的否认属于立法的功能;与此同时,对司法审查的辩护又仍然不能放弃方法论的支持,目的是为了避免让宪法法院成为与民主立法机关并列的竞争者,从而破坏分权原则所确立的立法的优先地位。

---

① [奥]凯尔森:《法与国家的一般理论》,沈宗灵译,中国大百科全书出版社 1996 年版,第 162 页。

② 参见[美]弗兰克·米歇尔曼:《法律共和国》,杨立峰、应奇译,载应奇、刘训练编:《公民共和主义》,东方出版社 2006 年版;[美]弗兰克·米歇尔曼:《宪法解释的分歧问题:“适用商谈”于事有补吗?》,应奇译,载应奇、刘训练编:《公民共和主义》。

一、基本权利:从抗拒权利到法律秩序的基础性原则

哈贝马斯将论证的起点设定在卡尔·施米特与凯尔森之间的争论上,不过他抽取的仅仅是该争论的方法论层面。施米特认为,宪法法院履行的功能与司法的概念是不相称的。因为在违宪审查的情况下,法院所做的工作乃是将宪法规范与被审查的规范加以权衡,而不是像司法过程那样将特定的案件事态归入有效的规范之中。凯尔森反驳说,司法审查仍然是一种司法性质的活动,在这个过程中,法院仍然是把一定的事态归在宪法规范之下。这个事态就是"法律的产生"这个事实。[①] 但凯尔森并没有真正地回应施米特的批评,因为他未能说明将"法律的产生"这个事态归在宪法规范之下这一过程的机制。如果说,法院实际上是通过权衡两种抽象内容的方式来判断可疑的规范是否合宪的,最后又辩护说自己所做的仍然只是把一个"法律的产生"这个事实或事态归在宪法之下,那它就沦为诡辩了。哈贝马斯支持凯尔森的基本立场,但他认为,这个立场唯有从商谈论的角度才能得到澄清。这首先需要说明对宪法以及宪法基本权利的理解。

民主宪法规定了民主立法机关的立法程序,但这个程序是由两个层面构成的。一方面是通过宪法性规范建制化的外在程序。这样一种外在可观察的建制使一条规范是否已经有效地产生这个问题成了可以外在地加以辨别的对象。违反这些规范设置的立法过程是违宪的。但这类情况在方法论上并不具有理论上的争议性质(尽管它可能仍然需要从民主的角度加以说明[②])。真正成问题的是根据宪法当中抽象的基本权利来判断立法产生的规范是否违宪的做法。在此,我们遇到了施米特批评的要点。如果基本权利必须被理解为具有高度抽象性的实质性内容,那么它的解释就不可避免地具有多元性,而以它

---

① 参见[德]哈贝马斯:《在事实与规范之间——关于法律和民主法治国的商谈理论》,第301页。

② "这里,一个缺少把自己的判决强加给拒不服从之议会和行政部门的法庭,归根结底是不可能违反分权的逻辑的。"[德]哈贝马斯:《在事实与规范之间——关于法律和民主法治国的商谈理论》,第299页。

们作为裁判依据的宪法法院在权衡内容的时候,也就有了将自己的立场强加给共同体的空间。无论它的判决是否仅仅是消极地否定一条有争议的规范的效力,它都将和立法者在形成规范理由方面展开竞争。

民主法治国的自由主义范式在一定程度上避免了上述危险。在这个范式当中,有两项"措施"发挥了关键的作用。其一,自由主义范式下的法律典范是详细规定了适用情境的"条件性纲领"。这样,政治立法者对司法机关、行政机关的约束就能得到保证。其二,基本权利被理解为是国家与社会之间的一道屏障:脱离国家的社会领域是自治的,个人在其中享有不受国家干涉追求幸福的自由;国家的任务和目标则在政策性的事项,立法者所创造的法律也局限于确保公共秩序,防止对经济自由的滥用,等等。① 基本权利在这里是作为对国家的抗拒权利出现的,它发挥作用的前提是国家与社会两个领域之间的划分。因而在自由主义范式下根据基本权利来对立法规范进行审查的任务,在于确认可疑的立法规范是否跨越了国家与社会分离的边界。就此而言,我们可以说,司法审查的过程并非抽象规范之间的衡量,而是对事态的确认,并将之归在规范的要件之下,然后推论出判决的结论。

但这样一种机制唯有在国家/社会两个领域的划分这个前提是不成问题的情况下,才能顺利地运转。因此自由主义分权的格局需要特殊的社会条件。哈贝马斯指出的自由主义公共领域模式的前提也能用来说明我们这里涉及的问题:"资产阶级公共领域模式的前提是:公共领域和私人领域的严格分离,其中,公共领域由汇聚成公众的私人所构成,它们将社会需求传达给国家,而本身就是私人领域的一部分。"②民主立法者是由来自社会的、兼具公民与私人身份的代表组成

① 参见[德]哈贝马斯:《在事实与规范之间——关于法律和民主法治国的商谈理论》,第303~304页。

② [德]哈贝马斯:《公共领域的结构转型》,曹卫东等译,学林出版社1999年版,第201页。

的，其功能在于把社会领域的要求转化成法律规定，同时也在于维持国家与社会分离的格局。社会的文化与人格因素也应当完成那种能够支撑双重身份之分离的心理机制的再生产。只要这种分离机制及其正当理由失去了作用，代议机构也就会把这种二分法崩溃的信息转化成立法，旧有的国家/社会格局就会得到改造。社会福利国家的出现就是国家和社会之间相互渗透的结果。就立法与行政之间的关系来说，这种转化是通过以下三种形式实现的："或者是，立法者自身采取行动和措施，从而干预行政管理权限（规章法）。或者是，立法者将自己的功能转交给行政管理，行政管理从而有权以规定的方式补充规章制度（授权法）。再就是，针对需要管理的情况，立法者放弃规范权力，听任行政管理自由采取行动。"[①]与行政功能的扩大相一致，法院的功能也扩张了。由于立法者提供越来越多的政策性立法，法律出现了所谓的"实质化"现象。法律的实质化通过将道德论据、政策性论据等实质性内容引入法律论辩之中，松动了政治立法者对司法的直接约束。[②]在自由主义范式的司法观看来，司法是一种以"过去"为取向的行动，它把注意力集中于已经固定为现行法律的政治立法者的过去的决定。[③] 而在法律实质化的条件下，对道德原则的具体化、对政策论据的考量都要求司法把眼光转向现在和未来的问题。[④] 因为实质化的立法并没有为法院提供固定下来的具体规则。

司法权的扩张不但与立法从原来的条件性纲领转向概括性的原则立法有关，而且与对基本权利自身的功能转换有关。原来阻挡在国家与社会之间的宪法基本权利现在因为国家与社会的相互融合而失去了合适的语境。对此，存在两种基本的反应。一是将对基本权利的

---

① 在《公共领域的结构转型》中，哈贝马斯关注到的还主要是立法与行政之间的关系。参见［德］哈贝马斯：《公共领域的结构转型》，第 203～204 页。

② ［德］哈贝马斯：《在事实与规范之间——关于法律和民主法治国的商谈理论》，第 304～305 页。

③ ［德］哈贝马斯：《在事实与规范之间——关于法律和民主法治国的商谈理论》，第 304 页。

④ ［德］哈贝马斯：《在事实与规范之间——关于法律和民主法治国的商谈理论》，第 305 页。

自由主义式理解当作民主法治国原则本身,因此自由主义范式的消解意味着法治国原则的破产。① 二是确认基本权利内涵方面所发生的重大变化:“基本权利原先被理解为保障自由、确保干预性行政恪守法律的抗拒权利(Abwehrrechten),现在则转向一种法律秩序的基础性原则”。② 这一理解把自由主义法律范式的解体当作重新理解基本权利体系的一个契机。自由主义式的理解并不是唯一的,相反,如果我们考虑到在现代社会,个人基本权利的保障不只涉及对行政权力的防范,而且也涉及“所有大型组织的社会权力”,那么将国家的干预抵挡在自发的社会领域门外的自由主义式基本权利,就将沦为一种意识形态。

对基本权利的自由主义式理解仅仅是理解的可能性之一,对基本权利本身的说明必须不依赖特定的历史条件而达到更为抽象的理论层次。哈贝马斯对基本权利作了一种足够抽象的理解:“权利体系所显示的,恰恰是政治自主的立法过程所必需的交往形式本身得以在法律上建制化的条件”。③ 人们如果要运用法律形式来调节共同体的生活,就必须相互对称地承认各自具有这些权利。哈贝马斯列举了五项基本权利范畴,即(1)平等的主观自由权利;(2)共同体身份的权利;(3)可诉诸法律手段保护这些权利的权利;(4)平等的政治参与权利,以及(5)为享有(1)至(4)项权利所必须具备的条件保障之权利。④ 前三项权利对应于“法律形式”所包含的观念,⑤此时,法律主体是被当作法律承受者来看待的;第(4)项范畴则包含在商谈原则的要求之中,法律主体在这里承担法律创制者的角色。第(5)项权利范畴则被认为

---

① [德]哈贝马斯:《在事实与规范之间——关于法律和民主法治国的商谈理论》,第309页。

② [德]哈贝马斯:《在事实与规范之间——关于法律和民主法治国的商谈理论》,第306~307页。

③ [德]哈贝马斯:《在事实与规范之间——关于法律和民主法治国的商谈理论》,第128页。

④ [德]哈贝马斯:《在事实与规范之间——关于法律和民主法治国的商谈理论》,第149~150页。

⑤ 应当指出的是,哈贝马斯使用的是相当古典的“法律”形式概念,这种古典概念将法律理解成是由抽象而普遍的语句来表述的。

是(1)至(4)项权利所蕴含的条件。这五项基本权利范畴所表达的实际上就是法律共同体成员服从自我立法这个观念。因此,它们也就是民主原则所要求的内容。[①] 实在法律秩序是通过民主商谈的合理程序构建起来的。那些可以被当作前政治的规范应当只是这些程序性的内容,而不是任何实质伦理或道德。哈贝马斯强调,这些可以由理论家予以说明的权利范畴,仅仅是有待具体化的一些占位符。其具体的实质内容必须由那些身处具体的历史情境并实际参与民主立法过程的公民自身来诠释。在这些基本权利范畴的指导下,宪法制定者将其具体地阐释为共同体的宪法。[②] 因此,宪法的实质应当被理解为对基本权利的诠释。宪法规定的正式立法程序(外在的商谈程序),其目的既是为了克服商谈本身所具有的"认知不确定性",[③]但更是为了创造一个合理商谈的空间(内在商谈程序)。与此相应,民主法治国的组织采取一种分权形式的目的,就是为了服务于通过这套权利体系所构成的共同体在政治上自主的自我组织。[④] 与对基本权利体系的抽象理解相一致,哈贝马斯对法治国原则的理解也是超越具体语境的:从商谈论的角度引入的法治国诸原则,"必须独立于任何历史的法律秩序和任何具体的建制化形式","法治国原则决不能同对它的种种受语境约束的历史性诠释之一混为一谈"。[⑤] 换言之,分权原则也必须在历史条件发生变化的时候在新的结构中加以实现。

按照哈贝马斯的理解,从商谈论的角度来理解基本权利能够化解自由与民主、私人自主与公共自主、人权与人民主权之间的矛盾。这一理

① 这就是哈贝马斯所说的,民主原则是商谈原则与法律形式相互交叠产生的,参见[德]哈贝马斯:《在事实与规范之间——关于法律和民主法治国的商谈理论》,第148页。

② [德]哈贝马斯:《在事实与规范之间——关于法律和民主法治国的商谈理论》,第154页。

③ [德]哈贝马斯:《在事实与规范之间——关于法律和民主法治国的商谈理论》,第140页。

④ [德]哈贝马斯:《在事实与规范之间——关于法律和民主法治国的商谈理论》,第215页。

⑤ [德]哈贝马斯:《在事实与规范之间——关于法律和民主法治国的商谈理论》,第231、309页。

解有两个重要的方面与我们目前的问题直接相关。其一,基本权利并不能缩减为将国家与社会分离开来并作为单纯的防御权利而存在。相反,基本权利是整个法律秩序的基础或“起源”。我们可以从哈贝马斯的理路中辨别出经过改造的社会契约论模型,基本权利所论证的是公民最初横向联合起来的前提条件。从这个角度来看,自由主义的抵御权利具有派生的性质:“只有构成了国家权威之后,对于平等的主观自由的权利,才会转变成起初横向地结成社会的公民们同国家行政之间的关系。”①这样,基本权利仍然会在具体化的时候包含抗拒权利的层面,但它们已经不能局限于这种理解了。其二,这套作为法律秩序基础的基本权利是从程序的角度来引入的。在现代的条件下,实质性的伦理共同体在解体,已经不存在先验的道德、伦理规范能够直接提供合法化的基础。合法之法的标准转移到了法律制定过程中的程序合理性之上:“社会契约毋宁说具有这样独特的性质,即它一般来说是没有内容的,而把自己本身确定为法权原则②支配下建立社会联系过程的模式。”③也就是说,社会契约约定的绝不是什么具体的道德或伦理内容,而是创造共同信守的行为规范的方式。如果我们把这里的“法权原则”所表达的平等自由内涵作一种商谈论的理解,那么我们就可以说,社会契约所约定的就是民主的立法过程。在罗尔斯那里,社会契约指的是通过“无知之幕”下的公平条件所确定的正义原则,而在哈贝马斯这里,宪法观念所表达的恰恰是“无知之幕”本身所创设的公平直觉。④

---

① [德]哈贝马斯:《在事实与规范之间——关于法律和民主法治国的商谈理论》,第310页。

② “法权原则”是康德的术语,它是绝对命令在人与人之间的外在行为方面加以运用的结果。其内容就是下面这条公式:“外在地要这样去行动:你的意志的自由行使,根据一条普遍法则,能够和所有其他人的自由并存。”参见[德]康德:《法的形而上学原理》,沈叔平译,商务印书馆1991年版,第41页。该公式所表达的主观自由以及普遍化内涵,正是商谈论所坚持的方面;商谈论所改造的则是这条公式表现出的独白性格。

③ [德]哈贝马斯:《在事实与规范之间——关于法律和民主法治国的商谈理论》,第116页。

④ 罗尔斯似乎也表达了类似的直觉:“理想的观念展示出非理想的体系应当被如何确立。”参见[美]罗尔斯:《正义论》,何怀宏、何包钢、廖申白译,中国社会科学出版社1988年版,第239页。

这样,合宪性问题就将我们已经指出的两个层面统一起来了。宪法所宣示的基本权利不是与正式立法程序不同的层面,而是对这一立法程序的内在方面所提出的高要求。如此一来,我们就达到了这样一种可能性的门槛:对基本权利的符合首先不能被理解为抽象内容之间的权衡,而是对下述事态的确认,即立法的商谈过程是否满足了合理商谈所预设的那些条件。

二、基本权利:从价值到规范

哈贝马斯认为,从商谈论的角度来理解基本权利能够化解民主与自由、公共自主与私人自主、人民主权与人权之间的矛盾。关于民主与自由之间矛盾的议题,自托克维尔以来就一直是现代政治哲学的焦点之一。① 对于我们的论题来说,重要的是,唯有解决了这个源头上的矛盾问题,把基本权利理解为规范的做法才是有意义的,我们也才有可能进一步考虑司法审查的方法论辩护。假如基本权利当中的自由与民主内涵之间是两个互相冲突的范畴,那么司法审查就势必会陷入与立法者竞争的境地:在冲突的规范或者矛盾的价值之间进行选择,意味着宪法法院将不得不把自己的偏好强加给法律共同体。

哈贝马斯选取德国联邦宪法法院的审判理论作为讨论的对象,反驳那种将基本权利理解为各种基本价值的立场:

> 规范和价值的区别首先在于它们所指向的行动一个是义务性的,一个是目的性的;其次在于它们的有效性主张的编码一个是二元的,一个是逐级的;第三在于它们的约束力一个是绝对的,一个是相对的;第四在于它们各自内部的连贯性所必需满足的标

---

① 对这个问题的讨论以及提出的解决方案之一,可以参见[法]雷蒙·阿隆:《论自由》,姜志辉译,上海世纪出版集团 2007 年版。阿隆的方案虽然没有偏废私人自由、政治自由以及实质平等各个方面,但他诉诸一种"自由的辩证法",而并没有提供一种理论上的解决。因此,他提出的说明更多地只是一种平衡感。

准是各不相同的。[①]

因为价值是特殊的、基于偏好的事物,一系列价值的组合方式仍然是一些偏好。在多元的现代社会,要设想价值之间的先定和谐是极其困难的事情。仅从这一点上来说,对基本权利作价值上的理解,就已经和商谈论的基本权利体系相违背了。另外,如果将基本权利体系的解释视为某种价值组合的实践,那么宪法裁判就无疑“隐含地具有立法的意义,从而赋予宪法判决以并列的立法机构的地位”。[②] 这一点,卡尔·施米特曾经以“价值的僭政”之名提出过警告:整个价值学说只会挑起和加剧古老而持久的信念与利益的斗争;每一种价值一旦取得支配一个人的权力,便倾向于自命为整个人类精神特质独一无二的僭主;理念需要中介,价值更需要中介,在一个宪法规定有立法者和法律的国度,立法及其所立之法的职责,便是通过可预计和可操作的规范的中介,以防止价值的僭政;一旦立法者不起作用,就会出现临时占据权力真空者,这类人迟早会成为他们所扮演的角色的牺牲品。[③] 这里所谓的“临时占据权力真空者”暗示的似乎就是宪法法院。施米特的“法规”概念仍然局限在哈贝马斯所说的那种“条件性纲领”。但福利国家中法律范式向不确定法律概念及原则性条款的转化,似乎正好在说明施米特的“担心”:立法者及其法律的中介功能实质上被削弱了,以至于战后施米特最具创造力的学生之一伯肯弗德提出,司法型国家僭取了立法型国家,民主的理念似乎就此崩溃了。[④] 甚至司法审查的

---

① [德]哈贝马斯:《在事实与规范之间——关于法律和民主法治国的商谈理论》,第316页。

② [德]哈贝马斯:《在事实与规范之间——关于法律和民主法治国的商谈理论》,第319页。

③ [德]施米特:《价值的僭政》,朱雁冰译,载王晓朝、杨熙楠主编:《现代性与末世论》,广西师范大学出版社2006年版,第102~132页。

④ [德]哈贝马斯:《在事实与规范之间——关于法律和民主法治国的商谈理论》,第308页。关于伯肯弗德与施米特理论之间的承接与分化,请参见[德]扬-维尔纳·米勒:《危险的心灵:战后欧洲思潮中的卡尔·施米特》,张龑、邓晓菁译,新星出版社2006年版,第101、168~170页。

辩护者也能同意把基本权利理解为价值体系，理解为制宪元勋为共同体确立的伦理基准。在此基础上，他们把司法审查设想为一种“有深思熟虑基础的逆反多数的建制”，[①]以防止人民在社会生活的压力之下从宪法理想堕落。

哈贝马斯反对这种理解而坚持将基本权利理解为规范。但上述异议向我们提出了两个问题：第一，将基本权利理解为规范的根据何在？第二，即便将基本权利理解为规范，对如此抽象的规范的运用不是同样也免不了自由裁量与法官立法吗？

哈贝马斯有关将基本权利理解为规范的说明似乎给人这样的印象，即这种理解能够带来一种好处，以避免价值论导致的法官造法的结论，但他并没有同时给出必须这样做的理由。但是，其中的理由其实已经包含在商谈论的各种前提之中了。基本权利作为法律共同体自我组织的构成因素，是商谈原则与民主原则交叠产生的结果。对于商谈原则来说，结论的有效性在于商谈过程当中的各种理想设置得到满足。在法律问题上，它要求立法产物的合法性来源于民主过程对基本权利的满足。因而，只要基本权利当中的项目未得到满足，那么立法就是缺乏合法性基础的。从规范性的角度来看，基本权利提出的要求不是一个程度问题，更不是可以牺牲其中的某一项目而追求基本权利体系获得最大化实现的问题。相反，基本权利要么得到了满足从而赋予立法以合法性，要么就未得到满足从而使立法丧失合法性。举例来说，在实践当中，对于立法商讨所必需的各种信息获取可能存在技术条件的限制，但就立法商谈过程的参与者角度而言，重要的不是这些客观不能的因素，而是人们能够支配的那些因素。这类能够为人们所支配的信息的获取是作为合理商谈程序条件的基本权利所施加的义务。如果应当获取并且可以获取的信息被阻挡在审议程序之外，那么这个过程就没有实现基本权利的要求，这个过程也就无法产生合法化的力量。对于这里涉及的这种信息条件，基本权利赋予它们的分量

---

① ［德］哈贝马斯：《在事实与规范之间——关于法律和民主法治国的商谈理论》，第319页。

是二元的。与此相对，如果把基本权利理解为价值系统，那么论辩的角度就只能从立法产生的法律结论的角度看，它是否最大化地实现了这些价值。这也就意味着，信息条件这项程序要求将降格为可权衡的因素之一。从这个比较可以得出结论说：作为民主商谈之构成要件的基本权利之所以不能被理解为价值，这一点是包含在商谈理论关于有效性问题的立场当中的。

对基本权利作程序主义的理解并不排除具体的宪法基本权利包含特定法律共同体对其添加的历史的和伦理性的因素。但它们的重要性要低于道德的规范性要求："具有优先地位的是这样一个问题：如何按照对所有人同等有利的方式来调节一件事情。规范的制定所处的视角首先是正义，并且是根据那些陈述对所有人同等地好的东西的原则来进行衡量的。与伦理问题不同，正义问题与一种特定的集体和它的生活形式并没有内在联系。一个具体的法律共同体的用政治方式制定的法律，如果要具有合法性的话，它与那些提出超越该共同体的普遍的有效性主张的原则，至少是彼此相容的。"[①]立法过程中的实用和妥协因素也是如此，最终它们都要受到道德视角的调控。[②]

将基本权利视为规范而非有待权衡的价值，还有另一个层理由。基本权利一方面是处在最抽象层次的程序规范，另一方面它们也在特定的法律体系中被赋予了历史性的内容。哈贝马斯认为，宪法内容仅仅是"相对的确定"，"每一份宪法都是这样一个活的谋划（a living project），它只有以持续的、在法律产生（production of law）的所有层面上不断推进的宪法诠释的形式，才具有持久的存在"。[③] 也就是说，立

---

① ［德］哈贝马斯：《在事实与规范之间——关于法律和民主法治国的商谈理论》，第347页。

② 对立法过程合理性的讨论，参见［德］哈贝马斯：《在事实与规范之间——关于法律和民主法治国的商谈理论》，第四章。

③ ［德］哈贝马斯：《在事实与规范之间——关于法律和民主法治国的商谈理论》，第157页。译文根据英译本酌改。尤其需要说明的是，中译本将"the production of law"译为"立法"似乎是不妥的。这不但从措辞上，而且从语境上看，都是成问题的。因为这里讲到宪法解释问题，没有理由将诸如美国的联邦最高法院的解释排除在外，因为谁都不可能否认美国最高法院在宪法变迁中所发挥的实质作用。不过本文在此处的讨论仍然着重在立法这个方面。

法在各个层次上都在进行一种将基本权利具体化的工作。因而在基本权利与法律秩序之间,还存在一条实质内容上相互贯穿的线索,这条线索使司法过程对法律体系作一种融贯性的审查成为可能,因为融贯性标准针对的是实质内容上的相互关系。[①] 但这并不能使法院的建构性诠释过程变成对各种价值的权衡。从法治国的分权原则角度来看,合法之法是由立法机关为司法机关提供的,法院所面对的是已经确定的规范。这一点最好通过凯尔森的说明来理解。按照凯尔森的看法,立法者所持有的各种价值观念在转变成有效的法律规范之后,它们就发生了范畴上的转化。原来仅仅是主观上的事物,现在就变成了客观的"应当"。[②] 变成实在法规范的价值对于法院来说,已经不能再将其作为某种偏好来对待了。对于基本权利体系中的伦理成分也应当作此理解。

在此,我们就遇到了前面已经提及的一个批评:对如此抽象的基本权利以及那些概括性立法的解释,扩大了法院的职能,造成了法院与立法机关的竞争。哈贝马斯对此项提议的反驳可谓直截了当:"对法律原则的诠释与对简单规范的诠释之间并没有根本差别。"[③]虽然这类抽象的规范与条件性纲领不同,它们并不指向那些可以轻易辨别的适用情景,但它们仍然可以一种在方法论上无可非议的方式加以"具体化":[④]

> 这些规范恰恰是在运用性商谈中获得它们的意义明确的具体化的。在与其他法律规定发生冲突时,人们不必决定在多大程

---

① 参见本书前一篇的说明。这里需要补充一点:如果基本权利体系只具有纯粹程序的内涵,那么法律的融贯性审查就只有在基本权利层次以下才能进行。因为从程序本身是推不出实质内容的。正是程序与内容之间的这种合理缺口,才使现代的"立法"概念成为可能。否则的话,制定法律的观念就是多余的,所需要的就只是"发现法律"。

② [奥]凯尔森:《法与国家的一般理论》,沈宗灵译,中国大百科全书出版社 1996 年版,37~40 页。

③ [德]哈贝马斯:《在事实与规范之间——关于法律和民主法治国的商谈理论》,第 322 页。

④ 关于方法论的更为具体的说明,参见本书前一篇。

> 度上彼此竞争的价值要被分别加以实现。前面已经指出，要做的事情毋宁是从显见的可运用的规范出发，来找出哪条规范最适合于那从尽可能多的相关视角出发进行详尽描述的运用情境。①

因此，即使是对高度抽象的基本权利所作的解释，也是受到实在法律体系已经确定的内容所约束的。用哈贝马斯的话来说，这就是："可以从宪法中获取的那些确定合法性的理由，是从法律之运用的角度，而不是从政治立法者……的角度事先给予宪法法院的。原来赋予立法决定以合法性的那捆理由，法院把它重新打开，以便把这些理由用于对具体案件作出融贯的、同现行法律原则一致的判决；但是它不可以把这些理由用来对权利体系做直接的诠释和阐发，从而用来进行隐含的立法活动。"②

三、司法审查的方法及其存在问题

基本权利是超越具体立法决定的程序性规范，因而"基本权利的商谈并不受立法程序中所作的决定的约束，而是优先于这些决定的"。③ 同时，立法决定也是对基本权利的阐发，所以司法过程所要做的事情首先是以规范诠释的视角做受到实在材料约束的融贯性解释。与基本权利的这两层内涵相一致，哈贝马斯所描述的司法审查过程也分为两个不同的步骤。第一个步骤与普通司法过程中所做的工作一致，是对实在法材料进行针对个案的建构性诠释，以便找出对个案来说是最恰当的那条规范。但融贯性解释的结果有可能发现，有争议的规范无法通过这种融贯性的检验。也就是说，解释的结果是，实在法体系为当前案件提供的正是手头这条有争议的规范："一旦一条规范

---

① [德]哈贝马斯：《在事实与规范之间——关于法律和民主法治国的商谈理论》，第321页。

② [德]哈贝马斯：《在事实与规范之间——关于法律和民主法治国的商谈理论》，第323～324页。

③ [德]哈贝马斯：《在事实与规范之间——关于法律和民主法治国的商谈理论》，第300页。

不允许作这样一种融贯的、符合宪法的运用,就出现了抽象的司法审查的问题,这种审核必须从立法者的角度来进行。"[①]此时,对基本权利的理解也必须提高到最抽象的程序层次。既然能够赋予立法以合法性理由的根据是立法过程的商谈合理性,那么能够否定具体立法的合法性的理由,也应该从该立法过程的程序当中去寻找:"因此,宪法法院在考察有争议规范的内容时,必须首先考虑民主的立法过程的交往预设和程序条件。"也就是说,司法审查的对象应当是"使公民的私人自主和公共自主成为可能的那个权利体系"。[②] 这些程序性条件包括信息是否充分、论据是否遭到压制等。总之,它们解决这样一个问题:"立法决定所依赖的是可以被公开主张的理由,还是无法在议会谈判框架中宣布的私人利益"。这一方案的显著特征就在于,立法过程的结果好像变成了相对次要的东西,重要的则是"导致这种结果的是不是商议过程——不受私人权力扭曲的商议过程"。[③]

这里,我们就从方法论的论据转到了功能论的论据来了。之所以说这是一种功能论,是因为哈贝马斯最终是把合宪性审核看作立法者的职责的。把它交给法院来行使,仍然有赖于这样的考虑:"只要这种规范审核是在一个法院核查法(richterlichen prüfungsrechts)框架之内进行的,并且仅仅导致对规范的否决而不是对立法者的指令,那么,实用的和法律—政治的考虑似乎支持目前存在于联邦德国和美国的那种制度性权能分布。"[④]这里,哈贝马斯表达的还是那个经典的视角:法院是危险最小的部门。

哈贝马斯进一步探讨了在自由主义、共和主义以及程序主义范式下司法审查的作用问题。其中的核心问题涉及对立法过程合理性的

---

① [德]哈贝马斯:《在事实与规范之间——关于法律和民主法治国的商谈理论》,第324页。

② [德]哈贝马斯:《在事实与规范之间——关于法律和民主法治国的商谈理论》,第325页。

③ [德]哈贝马斯:《在事实与规范之间——关于法律和民主法治国的商谈理论》,第339页。

④ [德]哈贝马斯:《在事实与规范之间——关于法律和民主法治国的商谈理论》,第324页。

理解。司法审查的对象就是这一过程的合理性。对哈贝马斯有关政治过程的理解有诸多的批评，这些批评都涉及非常基本的理论问题。①本文想局限在哈贝马斯的思路范围之内，检讨一下这个方案可质疑的方面。

哈贝马斯对司法审查的辩护具有一个特殊的优点：它既维护了司法审查的司法属性，又同时说明了合宪性审查与民主具有内在关联。但是，这个辩护也具有一种不易言明的特殊困境。第一个论据，即宪法之规范诠释的论据，同时也是司法审查首先需要完成的步骤，它所要表明的是，对于可以预料的那些典型个案，或者对于当前的某个个案来说，有争议的规范是否确实可以恰如其分地加以适用，需要通过对法律体系的整体进行一种融贯性的解释来确定。根据第二个论据，哈贝马斯认为，一旦该规范无法通过这种融贯性检验，判定该规范无效之决定的根据应当首先被理解为是制定这一规范之立法过程的民主条件未得到满足。从方法论的角度来看，这两个论据之间是错位的，它们不在同一个层面上。宪法基本原则在第一个论据中是作为实体—内容来表现的，而在第二个论据中则是作为程序—形式来看待的。

这里的问题并不在于基本权利既是实质又是形式。问题在于，哈贝马斯将这两个方面分解在两个论据、两个步骤之中。分解的策略实现着一个明显的意图，即维护议会这样的立法机关对于宪法法院的优先性。前文已经指明了这一点。由于宪法法院首先要做的是对法律整体作融贯性的解释，因而它受到实在法律材料的限制，受到较为稳固的文字及法律整体性的限制。实在法材料的这些限制保证法院总体来说在符合民主合法性的限度内运作。唯有对于通不过融贯性审查的规范，法院才转换它的角度，从保卫民主立法程序的角度对该规

① 罗尔斯的批评请参见[美]约翰·罗尔斯：《政治自由主义》，万俊人译，译林出版社2000年版，第9章；[美]弗兰克·米歇尔曼：《宪法解释的分歧问题："适用商谈"于事有补吗?》，应奇译，包利民校，载应奇、刘训练编：《公民共和主义》；[英]安东尼·吉登斯：《没有革命的理性？——答哈贝马斯的交往行动理论》，载《社会理论与现代社会学》，文军、赵勇译，社会科学文献出版社2003年版，第244～270页。这些批评有一个共同点，即它们都很正确地指出了多元论的问题与交往行为理论的解决方案之间的紧张关系。

范的效力予以否认。在这个意义上，哈贝马斯坚持认为，宪法法院的审查权力必须被理解为是立法者"委托给"宪法法院进行的自我审核。[①] 他也要坚持，"宪法法院像政治立法者一样受'宪法中既与的程序方针'的约束这种情况并不意味着司法部门在同一层次上与立法部门进行竞争"。[②] 对他来说，议会的优先乃是民主概念所要求的。

"委托"论最好不过地说明了哈贝马斯维护立法优先于司法的立场与意图。但是"委托"的虚拟性与事实存在距离，因为要说服人们相信美国联邦最高法院的司法审查权力乃是议会委托的，那是相当困难的。[③] 另外，当哈贝马斯认为合宪性审查乃是立法者的自我审查，是立法的最后环节，并同时论证其结构的司法属性之时，他其实确认了下述事实：在论证性商谈（立法）的结构内部，运用性商谈（司法）占据着顶端和最后关口的位置。在宪法规范主义的语境下，论证性商谈恰恰处于次一等的位置。这样一来，此前一直使用论证性商谈与运用性商谈的逻辑来区分立法与司法概念的做法，实际上就遮蔽了两种商谈逻辑互相纠结的情况以及运用性商谈的优越性。问题也就不再是从方法论上对立法与司法概念的辨析，而是权力的等级问题。某种司法概念的优越性其实并不是什么新奇的观念，因为前现代的最高统治者也就是一个裁判者或神圣法律的运用者，立法则是一个相对晚出的概念，并且直到近代，它的重要性才在理论上超过了司法。[④] 如果情况确如这里所说，那么立法者委托给另一个部门的权力，竟然是一种最高

---

① ［德］哈贝马斯：《在事实与规范之间——关于法律和民主法治国的商谈理论》，第324页。

② ［德］哈贝马斯：《在事实与规范之间——关于法律和民主法治国的商谈理论》，第323页。

③ 比较我们在前文已经提及的凯尔森的一个论据：法院必须适用的是有效的法律，而有效法律的条件之一是不与宪法抵触，这就意味着在没有相反证据存在的情况下，法院的合宪性审查权力乃是固有的。

④ 法律史以及法律人类学揭示的法律起源情况最能说明这一点。如梅因所说，古代法律起源于裁判。参见［英］梅因：《古代法》，沈景一译，商务印书馆1959年版，第1章。哈贝马斯在重构法律与权力之间互相生成的历史时所展示的那个过程，也同样说明了从社会权力向政治权力的转变过程，正好意味着原来的社会权力成了法律的执行者而非立法者。参见［德］哈贝马斯：《在事实与规范之间——关于法律和民主法治国的商谈理论》，第175～176页。

权力。权力的高低等级不在于它是否能够主动地形成动议或构建规范,而在于能否最终决定拟议中的规范是否能获准通过。不能把权力的等级问题与不同权力管辖的事务数量问题相混淆。

从第一个论据过渡到第二个论据、从作为内容的宪法基本权利转向作为程序的宪法基本权利,宪法法院的法官角色经历了根本性的转变。融贯性检验所运用的仅仅是立法者已经给出的那些理由,所不同的是,法院对它们进行了重构。而通过将宪法基本权利理解为关于民主立法程序的规范,哈贝马斯就可以使宪法法院在无须染指宪法基本权利的进一步“填值”问题的情况下,找到否定争议之规范的合法性。宪法法院在履行司法审查的职能之时用不着依赖某种有关道德与价值之内容的实质性学说,以便提出法院自己的理由。从这个角度来看,履行司法审查职能的法院仿佛成了外在于民主立法过程之外的一个观察者,就如外在于个案事实的中立观察者一样。当然,普通司法过程中的法官并非一个旁观者,因为他对他加以适用的规范本身是必须采取参与者的立场的。① 宪法法院与宪法规范之间的关系与此同理。然而,司法审查涉及的事态与普通司法过程面对的事实有着相当重大的区别。民主立法过程由外在的建制化的程序和立法者内在的商谈过程两个方面构成。法官无法像在普通案件中那样仅仅将自己局限在确定某种由规范建构的事实上。他必须同时成为一个立法商谈的参与者。除非法官能够参与到那个内在的论辩过程之中以便提出自己的实质性理由,并对立法过程中的那些理由是否有效作出自己的判断,否则他就根本无法决定民主立法过程所预设的种种条件是否得到了满足。只有当事人本身才有能力判断合理程序的条件有否得到满足。因为,内在的商谈程序不是一个可外在地观察的对象;在此,没有参与能力,即没有提出自己的理由的能力的人,也就丧失了判断其他理由是否有效的能力。也就是说,在宪法诠释的层次上,法官们不是去重新打开赋予立法以合法性的那些理由来“重构”一个融贯的

① 参见[德]哈贝马斯:《在事实与规范之间——关于法律和民主法治国的商谈理论》,第五章。

法律体系，他们首先要做的，乃是根据自己的意见对这些理由加以判断。对于立法者而言，最后的合宪性审查只是论辩的结尾，但对宪法法院来说，接过这项任务却不得不迫使它的法官们拟制性地重新启动整个论辩。原则上他们不得不衡量所有的理由，否则的话，法官们自己就首先破坏了商谈原则。宪法法院的法官并不能像普通司法过程中的法官那样作为一个中立的裁判者来行使他的职权，他得同时成为立法者—唯一的差别是，他只能作出否定或肯定的判断，却不能提出一条新的规范。[①] 当哈贝马斯说，抽象的规范审核“必须从立法者的角度来进行”的时候，他所要表达的本来就应该是这层意思。

通过上面的说明，我们可以将哈贝马斯对司法审查之辩护中所包含的问题归结为这样一种困境：他意图维护立法的优先性，因而采取了一种独特的双重辩护的视角；但其辩护的基础却向人们打开了另一种理解的可能，即在司法审查的情况下，立法者把立法环节中的最终决定权从自己手中移交给了那个在逻辑上说是低于它的部门。

① 普通法传统的做法当然与这里说的情形有很大的不同。

3. 基本权利的两面性:现象及其基础*

我们可以在法律商谈理论对基本权利体系的阐发过程中发现一种颇为奇特的现象,我将把这一现象称为基本权利的两面性。本文第一部分首先借助哈贝马斯的论说对这一现象作一个粗略的概览,然后特别通过对他有关宪法裁判问题的辩护进行剖析,进一步揭示两面性现象包含的意蕴。两面性不是一件让理论感到难堪的事情,因为它不是什么逻辑矛盾;相反,借着商谈理论中所蕴含的这种两面性现象,我们倒有可能还原"第一政治经验"。在经过一个中间考察之后(第二部分之一),本文接下来的部分将运用契约论的政治哲学传统,从存在的层面为两面性现象奠定基础。

一、基本权利的两面性现象

(一)一个初步的概观

哈贝马斯对基本权利作了一种足够抽象的理解:"权利体系所显示的,恰恰是政治自主的立法过程所必需的交往形式本身得以在法律上建制化的条件"。[①] 人们如果要运用法律形式来调节共同体的生活,就必须相互对称地承认各自具有这些权利;换言之,这些基本权利

---

* 本文原载徐显明主编:《人权研究》(第 8 卷),山东人民出版社 2009 年版。

① [德]哈贝马斯:《在事实与规范之间——关于法律和民主法治国的商谈理论》,童世骏译,生活·读书·新知三联书店 2003 年版,第 128 页。

范畴确立了法权人的地位，[1]或者说法律人格本身就是由这些范畴建构出来的。哈贝马斯列举了五项基本权利范畴，即(1)平等的主观自由权利；(2)共同体身份的权利；(3)可诉诸法律手段保护这些权利的权利；(4)平等的政治参与权利，以及(5)为享有(1)至(4)项权利所必须具备的条件保障的权利。[2] 前三项权利对应于“法律形式”所包含的观念，[3]此时，法律主体是被当作法律承受者来看待的；第(4)项范畴则包含在商谈原则的要求之中，法律主体在这里承担法律创制者的角色。第(5)项权利范畴则被认为是(1)至(4)项权利所蕴含的条件。这五项基本权利范畴所表达的实际上就是法律共同体成员服从自我立法这个观念。因此，它们也就是民主原则所要求的内容。[4] 哈贝马斯强调，这些可以由理论家予以说明的权利范畴，仅仅是有待具体化的一些占位符。其具体的实质内容必须由那些身处具体的历史情境并实际参与民主立法过程的公民自身来诠释。

但我们不能误解这里的“占位符”的含义，以为它们只是纯粹的空洞或虚无。一方面，哈贝马斯将宪法上的基本权利理解为基本权利范畴在特定的历史处境[5]之下由某一法律共同体所作出的诠释。另一方面，哈贝马斯又指出，一项“制宪行动”其实已经是对这些权利范畴的“原初的运用”。[6] 或者说，“占位符”也已经是行为的规范和原则：哈贝马斯因此将基本权利范畴视为给“宪法制定者提供指导的法

---

① 参见[德]哈贝马斯：《在事实与规范之间——关于法律和民主法治国的商谈理论》，第149页。

② 参见[德]哈贝马斯：《在事实与规范之间——关于法律和民主法治国的商谈理论》，第149～150页。

③ 哈贝马斯使用的“法律”形式概念颇为古典，这种古典概念将法律仅仅理解成是由抽象而普遍的语句来表述的，因而单纯的行政命令根本不能称作法律。法律与命令之间这种差别关系的松动以及消解是后来实证主义发展的结果。

④ 这就是哈贝马斯所说的，民主原则是商谈原则与法律形式相互交叠产生的。参见[德]哈贝马斯：《在事实与规范之间——关于法律和民主法治国的商谈理论》，第148页。

⑤ 这种特定的历史处境构成其具体的政治文化，在其中，公民对权利体系具有一种特定的直觉理解。参见[德]哈贝马斯：《在事实与规范之间——关于法律和民主法治国的商谈理论》，第223页。

⑥ [德]哈贝马斯：《在事实与规范之间——关于法律和民主法治国的商谈理论》，第156页。

律原则”。[①] 也就是说，对基本权利范畴的实在内容进行填充的历史过程之成为可能，首先就需要运用这些基本权利范畴：他们首先必须已经是这样一个法律共同体，也就是说阐释者必须先通过对基本权利的实现而具备法权人的资格。基本权利为了被解释，先行通过自己创造出能解释它的人，即公民。这就出现了一种奇特的现象：基本权利范畴必须经过历史上特定的解读才能化身为具体的法律，所以它们乃是解读的对象，但这一解读的过程是通过运用它所要解释的对象来完成的。看起来这是一个十足的悖论：在基本权利尚未确定的情况下，它们已经被付诸实践了，而此实践的结果却恰恰是基本权利内涵的确定。于是，所谓基本权利的两面性现象，其第一层初步的含义就是：作为权利，或者说作为公民最基础的行动规范，其解释的前提是已然运用了它；当人们试图弄清这些规范是什么的时候，必须首先已经知道/领会到它是什么了。其实，类似的现象也出现在语言问题当中。例如当我们试图以对话的方式来争辩哈贝马斯所给出的商谈原则的时候，就商谈原则本身看来，我们就已经在实践着商谈原则了，因为商谈理论揭示的那些原则本身就是对言语行为的描述。对于基本权利的两面性，我们也可以说：宪法文本当中的基本权利条款，它们所传达的规范内容其实就是制宪行动的自我意识。制宪时刻之所以能够作为权威的源泉，能够为此后的历史奠定基础，其原因似乎就在于，这个时刻的行动乃是作为此后共同体之行动典范向后人呈现出来的。宪法基本权利就刻画了这典范行动的原则。在此，基本权利既是行动又是文本。这完全符合“宪法”（constitution/Verfassung）一词所具有的那种双层内涵。“宪法”一词意味着构建的行动，同时也表示这种构建行动的结果，即那些被构建出来的、蕴含在成文文献或制度惯例当中的法律和原则。[②]

---

① ［德］哈贝马斯：《在事实与规范之间——关于法律和民主法治国的商谈理论》，第154页。

② 参见［美］汉娜·阿伦特：《论革命》，陈周旺译，凤凰出版传媒集团、译林出版社2007年版，第128页。

这种原初的构建行动的一个方面是深思熟虑与审慎商讨。哈贝马斯将基本权利范畴看作商谈原则与法律形式相互交叠的结果,①因此基本权利在商谈理论当中还关系审议交谈的行动。由于商谈原则表示的是言语行为有效性的各种条件,因而基本权利就以法律权利的形式承载了这些要求。由于这个原因,基本权利就既是外在的行动原则(一套正式的立法程序应当被理解为这些行动原则的建制安排),同时又是内在的行动原则(也就是法律论辩所需遵循的那些无法被彻底建制化的要素)。这样,基本权利就被作了程序主义的理解,对基本权利的遵守就意味着在法律论辩过程之中,言语行为能够满足各种商谈论阐明的条件,兑现特定的主张所提出的有效性要求。在此,作为论辩程序的基本权利具有第二层含义上的两面性现象:它既化身为正式的法律产生程序,构成政治制度的部分并可予以外在地观察,同时又是内在的法律效力生成程序,构成实际商谈那不可操控的部分;而这内在的部分还有更进一步的循坏:如果人们要监督作为论辩程序的基本权利是否得到遵守,要论证商谈论上要求的各种条件是否得到实现(这也就是程序主义的宪法裁判问题),那他们的监督过程的论辩也必须首先已经是在实现着基本权利所承载的论辩要求。

(二)进一步的说明:以对宪法裁判的辩护为例

1. 宪法文本中的基本权利条款:论证性商谈/运用性商谈之区分的无效

哈贝马斯运用了两条路线来为宪法裁判进行辩护。对这一辩护的剖析,有助于我们进一步廓清所谓基本权利两面性现象的蕴含。这个辩护可以分解为两个方面:一是通过论辩逻辑的区分,即通过论证性商谈/运用性商谈的划分来说明司法权的性质;二是通过把对基本权利的解释理解为是对立法商谈是否满足那些无法彻底建制化的有

① 哈贝马斯认为,民主原则系基本权利体系的内核,因而这里径直将哈贝马斯所谓的"民主原则是商谈原则和法律形式相互交叠的结果"的论断阐发为"基本权利是商谈原则与法律形式相互交叠的结果"。参见[德]哈贝马斯:《在事实与规范之间——关于法律和民主法治国的商谈理论》,第148页。

效性条件这个事实的审查，来揭示宪法裁判的方法论结构，以便实现他的意图——宪法裁判无须掺入裁判者个人的道德、伦理学说。

根据哈贝马斯的观点，运用性商谈所涉及的不是规范的有效性，而是它的恰当的情境相关性。[①] 与此相对，论证性商谈的对象即是规范的有效性的证立。“不管怎么样，从单个案子出发的宪法判决仅限于对预设为有效的(宪法)规范的运用；因此，规范运用性商谈和规范论证性商谈之间的区别至少为司法部门和立法部门可以合法地履行的职能提供了论辩逻辑上的划界标准。”[②]不过，这个论断的内容含义并不明确。照此处的措辞来看，以个案形式进行的宪法裁判，其对象乃是宪法规范或者说主要是指宣示基本权利的宪法规范的运用问题：在当下的个别情形中，某条宪法规范是否与其具有恰当的情境相关性。但是，宪法裁判中实际的问题涉及的却是某条合宪性有问题的立法规范。用商谈理论的术语来说，问题在于：该条成问题的立法规范是否可以被恰当地运用到手头的案件？如果答案是否定的，那么这条规范在本案件之上就是不适用的，或者说应当被悬置起来。规范本身的效力并不因此被否定。然而，这样一来，宪法裁判的问题就不再是合宪性审查，而仅仅是普通案件的法律解释问题了。如果情况确实如此，那么这类案件恰当说来就并不属于违宪审查的范围。成问题的不是立法规范的效力，而是其在个案当中的运用。宪法规范在此是作为一种情境相关性的解释资源而出现的。[③]

宪法裁判的辩护问题与此无关。即使是以个案形式提起的合宪性审查，其中涉及的问题也不是成问题的立法规范是否与当前的案件相关，而是其“效力”问题，更无论抽象的规范审核了。于是，问题又回

---

① [德]哈贝马斯：《在事实与规范之间——关于法律和民主法治国的商谈理论》，第268页。

② [德]哈贝马斯：《在事实与规范之间——关于法律和民主法治国的商谈理论》，第322~323页。

③ 关于包括宪法在内的法律整体性诠释的问题(运用法律体系融贯性检验来确定一条规范在当前案件的情境相关性问题)，可以参见[德]哈贝马斯：《在事实与规范之间——关于法律和民主法治国的商谈理论》，第五章。

到了论辩逻辑的区分所欲回避掉的问题上了。宪法裁判与立法程序一样，其处理的对象也是一条规范的效力（也就是说，对于当前的案件，成问题的立法规范的情境相关问题已经得到肯定的回答，否则合宪性问题便无从谈起）。宪法裁判总是涉及基本权利规范与某一特定的下级规范之间的关系，即这条可疑的规范是否为基本权利所允许？这个问题是司法部门和立法部门面临的共同问题。

哈贝马斯其实承认，在合宪性的问题上，司法部门与立法部门面临的是同一项任务（这就已经在质疑以运用性商谈和论证性商谈的区别来划分两个部门的职能的可能性了）。他指出，宪法法院的审查权力本质上属于立法权的部分，它必须被理解为是立法者"委托给"宪法法院进行的自我审核。[①] 根据他所开出的立法商谈程序，立法过程终结于一种法律审核程序，其中的必备环节其实就是合宪性审查：

> 政治意志形成过程的终端是一些有关政策和法律的决定，这些决定是必须用法律的语言来表述的。这归根结底使一种规范审核［Normenkontrolle[②]］成为必要，在这种审核中，新的纲领接受审查以判明是否符合既定法律制度。也就是说，政治立法者只可把他们的立法权限用于对这样一些方案的论证，它们同权利体系——如果它们并不直接诠释和发挥这些系统的话——是统一的，是同业已生效的法律总体上衔接得上的。[③]

但是，即使两个部门处理的是相同类型的问题，也仍然有可能利用运用性商谈和论证性商谈的差别来划分不同的职能。假如宪法单

① 参见［德］哈贝马斯：《在事实与规范之间——关于法律和民主法治国的商谈理论》，第 324 页。在另一处，哈贝马斯明确指出，"所谓抽象的司法审查，无疑属于立法的功能之一"。［德］哈贝马斯：《在事实与规范之间——关于法律和民主法治国的商谈理论》，第 300 页。

② 特别值得注意的是，英译者径直将此处的规范审核一词译作了"Judicial Review"。

③ ［德］哈贝马斯：《在事实与规范之间——关于法律和民主法治国的商谈理论》，第 205 页。该页配有一幅立法商谈过程的模型图。此外，虽说立法程序在规范审核环节终止，但就效力优先性的角度看，规范审核乃是立法的前提。

单是一个文本，其中的条款处在同一个效力层次，那就可以为司法部门限定一个有限的职能范围：解释这个文本的含义并宣布与解释违背的立法为无效。而一个文本必定存在漏洞，对于政治生活来说，宪法文本自身的含义所明确覆盖的范围实在是基本而有限的。在超过文本含义的范围之外，立法部门便有权来作出对基本权利体系的创造性阐释。[①] 这样，在有限的程度上，司法部门和立法部门虽然都从事宪法文本解释的工作，但在宪法文本解释很快就遇到的尽头之处，司法与立法的职能差异就显现出来了。如此一来，运用性商谈就仍然构成一条职能分界线。[②]

然而问题并没有这么简单。基本权利体系是“公民们若要借助于实证法来合法地调节他们的共同生活，就必须相互承认对方拥有的”条件，[③]因此它们在宪法文本当中具有一种源始的地位，一切实证法的效力归根结底要以直接或间接的方式追溯到基本权利上去。于是，这种起源式的地位总是允许人们正当地从历史情境、实在条款当中解脱出来，返回到基本权利的层次上，向每一次确定的具体化结果提出挑战，就连宪法文本当中的某条宪法规范也同样可能因违反宪法/基本权利而无效。[④] 原则上，基本权利自身之外的任何具体宪法规范都可以受到基本权利的质疑；唯有基本权利自身是不可质疑的，因为质疑的行动也就是基本权利的运用。[⑤] 就此看来，合宪性审查总能归结到对这些最基本的权利的阐发之上，运用性商谈最终都能够被推回到基

① 这似乎就是惠廷顿的原旨主义立场所主张的立场。参见[美]基恩·E. 惠廷顿：《宪法解释：文本含义，原初意图与司法审查》，杜强强等译，中国人民大学出版社 2006 年版。

② 通常的宪法文本解释概念与商谈论的运用性商谈似乎有些差异。但实际上，运用性商谈就是商谈论所处理过的文本解释问题。哈贝马斯吸收了诠释学的合理因素。一条规范的含义的解释是在规范与事实之间相互映照过程中得以进行的，这种往返的过程，也就是情境相关性的确立过程。

③ [德]哈贝马斯：《在事实与规范之间——关于法律和民主法治国的商谈理论》，第 144 页。

④ 例如，在罗得岛诉帕尔默一案中，美国联邦最高法院即宣布美国宪法修正案第十八条违宪。

⑤ 这个论证令人想起笛卡尔运用“我怀疑”来对“我作为思维的存在”的证明。参见[法]笛卡尔：《第一哲学沉思集》，庞景仁译，商务印书馆 1986 年版。

本权利的层次,毕竟像我们指出的,业已生效的法律总体自身也都是在同基本权利体系的一致或者不相违背的前提下获得有效力的。① 一旦退回到基本权利条款,运用性商谈与论证性商谈的划界功能就丧失了,因为在这个层次上的争议已经超越了文本中语言的解释问题,所有的文本都仿佛再度消失,需要基本权利的运用者去重新确立——因为要"解释"的客观语句自身的效力都需要加以确认。在这个意义上,我把每一次宪法争议都比作宪法的重新构造,比作共和国秩序的重新奠基——尽管重造的结果也许是对既有体系的再次肯定,并且也往往如此。②

由此得见,在基本权利两面中作为实证文本的一面吸纳了一种回溯的结构,整个法律体系的等级结构似乎就浓缩在基本权利的两面性当中。在这两面当中,实在的一面向下延伸,不断通过法律行为续展;

---

① 不应该将这里的论断与下述问题混淆起来:司法审查为了确定基本权利规范的含义,往往会诉诸既有法律体系的整体诠释,并运用各种历史资料作为辅助。因为,既有法律材料之所以能作为解释的资源,其前提是它们已经被认为是合乎宪法/基本权利体系的了(或许可以说,每一次司法审查实际上都伴随着其他为数众多的司法审查的进行)。总是能够诉诸基本权利本身这种现象,相当有力地呈现了德沃金所谓的"权利这张王牌"的观念。在这里,不妨对哈贝马斯借用德沃金的理论所重新阐述的融贯性检验问题再作一点批评性的补充说明。在法规合宪性受到挑战的情况下,法律整体性的解释最终归结为宪法解释。而宪法与普通法律之间应该存在一个距离,否则,立法的概念就不可能成立了。因为立法概念需要这样一种条件:对于具体的一个问题,并没有可以从某个既定前提演绎出结果的必然性,不管是何种意义的必然性。尽管既有的法律材料可以通过建构性的解释,与宪法融合为一个融贯的整体,但宪法之外的旧实在法资料仅仅是对宪法作了一种可能的发展。而新立法的立法者在此时所制定的规范与旧系统的一种特定解释之间的不合,根本无法进一步得出结论说,该新立法乃是不合宪法的(如果立法是对基本权利体系的可能的而非必然的诠释,那就意味着宪法能够允许多种不同的诠释)。在某种意义上,一旦问题达到了司法审查的阶段,融贯性的标准就不管用了,因为其他的实在法材料在这里仅仅是作为一些备用的理由,而不是决定性的理由。决定性的理由始终是宪法本身,也就是立法过程的合理性本身(详见下文的评析)。如果这一点是没有问题的,那么新的立法就在原则上比旧的解释更有理由获得支持(新法优于旧法)。当然,困难的问题也在这里:对立法过程本身提出质疑,从商谈的角度看,永远都是有可能的。从实用—政治的角度看,那些提倡司法克制主义的主张是审慎和明智的。

② 对运用性商谈的另一种实用主义批评,请参见[美]弗兰克·米歇尔曼:《宪法解释的分歧问题:"适用商谈"于事有补吗》,应奇译,载应奇、刘训练编:《公民共和主义》,东方出版社 2006 年版,第 237 ~ 274 页。而与这里对宪法文本(在理论原则而非司法—政治实践层面上的)超越相对应,可参见德沃金对严格宪法解释的批评,参见[美]罗纳德·德沃金:《认真对待权利》,信春鹰、吴玉章译,中国大百科全书出版社 1998 年版,第五章。

前文本的一面又允许回溯,直至它本身为止。两面性似乎支撑起了一个可以穿梭的空间。

2. 商谈程序中的基本权利:语用学方法的有限意义

没有一种格式化的文本含义能够阻挡向基本权利原初层次的诉求。当问题推回到基本权利的层次,我们会遇到那个两面结构。而在这里,我们似乎没有别的资源可用,因为作为文本的基本权利处在争议当中,剩下的就只是那个作为行动的层面。因此哈贝马斯采取了另外一种策略。他并没有关心既有文本是否能够为宪法裁判提供界限的问题,而是在承认司法部门与立法部门在合宪性审查上所从事的是同一项任务的前提下,进一步论证宪法裁判这个行动的司法性质,以此来证明司法机关承担这项工作的合理性/可能性(这就是说,在立法程序中,总有一个司法环节作为其最终的决定性程序)。在他看来,立法者委托给司法部门的“自我审核”程序具有凯尔森所说的那种司法结构,即在宪法裁判当中,并非是在两条抽象的规范之间进行权衡,而是把某种特殊的事态归在基本权利规范之下并推出合理的结论(于是立法过程的最后环节相当于一次司法行动)。为此,他从文本中的基本权利条款问题转化为商谈程序的问题。

基本权利体系是商谈原则的存身之所,它们表达了民主立法程序若要产生合法之法所必需满足的种种语用条件。同时,宪法还确定了一个外在的立法程序,它使理想的商谈情境能够获得一个具有确定性的形式。在立法过程中,对基本权利的遵循在外在和内在两个方面向立法者提出要求,以便将其中蕴含的商谈原则的各种要求在正式程序中释放出来,得到实现。立法的赋予合法性力量来自“立法民主程序是否满足了这些商谈要求”这种“事态”,宪法裁判所针对的就是这个商议的过程,而该过程的产物(具体的立法规范)则退而成为其次的东西了。①

① 参见[德]哈贝马斯:《在事实与规范之间——关于法律和民主法治国的商谈理论》,第339页。哈贝马斯指出:抽象的规范审核应当“首先指向民主地产生法律的条件”。[德]哈贝马斯:《在事实与规范之间——关于法律和民主法治国的商谈理论》,第326页。

按照商谈论的思路,合宪性审查即是立法程序的一个反思环节,也就是说,立法过程实质上已经以以言施为的方式践行着那些有效性条件,但在反思环节,审查者专门将这个问题独立出来加以监督。但是审查者在审查之时,他们所能做也仍然是提出理由来论证立法行动是否合乎基本权利内涵的商谈条件,而要使他们的论证有效,他们自身的论辩行动又必须已经是符合这些条件的。那么他们能提出哪种类型的理由,或者说根据何种标准来确认商谈条件是否得到了满足呢?反思的环节能够提出与直接立法的商谈环节不同类型的理由吗?在前反思的环节,参与者们将在道德、伦理、实用及妥协等各个层面展开争辩,相应地,他们提出道德理由、伦理理解、实用理由等类型的具体证明。是不是说,反思的环节将有一种事实的证据,可据以考证前反思阶段的合理性呢?这样的证据或许是有的,例如关键的信息是否得以知悉等。① 然而,这些事实问题不是主要的,而且它们根本不能解释司法审查那种充满争议的特征。宪法裁判主要的问题决非这类事实条件的不当影响,而是为法案提供的理由是否成立的问题。

如果问题主要在于理由是否成立的问题,那么所谓立法过程对民主商谈原则的符合的说法到底是什么意思?立法过程可以简略地分解为如下几个主要因素:(1)对建制化程序的遵守(如提案的程序、表决的规则等);(2)参与者的同意或者不同意(被说服或未被说服)的事实(法案通过或未获通过的结果);(3)参与者提出的论辩理由(道德的、伦理的、实用的等);(4)立法的其他环境条件(信息畅通与否等)。第(1)、(2)两项都属于可观察的方面,其中的问题就是建制规则是否得到了遵守。第(4)项则不是宪法裁判的主要问题所在。唯有第(3)项的内容是宪法裁判真正的关切之所在,而且只有在第(2)项因素,即表决结果本身不能作为第(3)项的证据的情况下,合宪性的问题才会产生。

照哈贝马斯看来,履行宪法裁判职能的法院用不着依赖某种有关

① 参见[德]哈贝马斯:《在事实与规范之间——关于法律和民主法治国的商谈理论》,第349页。

道德与价值之内容的实质性学说。从这个角度来看,履行宪法裁判职能的法院仿佛成了外在于立法过程之理由群的一个观察者。但对于这些理由群来说,我们如何理解它们“是否符合商谈条件”这类问题?除了把这个问题理解为这些理由是否具有说服力的问题之外,还能有意义地理解成什么问题?对这类问题,只要它们不能被化约成一些社会学或心理学问题,那么除非法官能够参与到那个内在的论辩过程之中以便提出自己的实质性理由,并对立法过程中的那些理由是否有效做出自己的判断,否则他就根本无法决定民主立法过程所预设的种种条件是否得到了满足。内在的商谈程序不是一个可观察的对象;在此,没有参与能力,即没有提出自己的理由的能力的人,也就丧失了判断其他理由是否有效的能力。也就是说,在违宪审查的层次上,法官们不可能停留在重新打开赋予立法以合法性的那些理由然后对它们加以重组的程度,他们首先要做的,乃是根据自己的意见对这些理由加以判断。对于立法者而言,最后的合宪性审查是论辩的结尾,但对宪法法院来说,接过这项任务却不得不迫使它的法官们拟制性地重新启动整个论辩。原则上他们不得不衡量所有的理由,否则的话,法官们自己就首先破坏了商谈原则。除了那些能够说服审查者的理由之外,立法过程中提出的任何理由对于法院来说都不具有约束力。宪法法院不得不同时成为决策意义上的立法者——尽管他只能做出否定或肯定的判断,却不能提出一条新的规范。

哈贝马斯阐明宪法裁判的司法属性的用意是要说明,在这个过程中法院并不需要将自己的道德和价值(伦理)立场注入到判决之中从而成为隐秘的决策者/立法者。这完全依赖于一个假设:存在一种独立于道德商谈、伦理商谈、实用商谈等具体商谈的(元)商谈。但这难以令人置信。我们无法想象,在一个言语行为本身是否有效的问题之外,还有一个对它的效力具有决定意义的、抽象的效力问题。实际上,语用学仅仅是对具体言语行为的实践所作的反思,是对行动的描述,而不是从行为游离出来的独立成分。[①] 因此,合宪性审查的过程仍然要提出道德理由、伦理理由及实用理由等实质性的论辩,才能对立法过程中的那些理由做出判断。更一般地说:唯有那些能够自己亲自提出道德的、伦理的及实用等的理由的公民,才能对争议规范的有效性作出判断。在此,我们就进一步理解了基本权利所承载的那个内在方面所具有的意义:它指向一个在本质上无法代为行使的行动。对一套外在的程序规则运用是可以被代表的,因为所有的实在规则都可以模仿,而且这模仿也都明白可见。譬如说,一个具体的欲求是可以代为表达的,当前的"代表"观念即如此。所以这些"代表们"在立法会上代他的选民表示同意或者拒绝,就像私法中的代理人一样。但内在的论辩行动不能代为,因为这些论辩者是准备被更好的理由说服而改变立场的。所以,在理想的意义上说,这些行动者并不是事先就被框定立场的。由此我们可以说,那个既表示蕴含了法律产生的外在程序,又保持了其内在方面的基本权利,实质上是不可代替性和可代替性的结合。

(三)本部分的结论

从上面的分析,我们可以得出一些简单的结论。

首先,基本权利既是行动又是行动的产物。作为产物,基本权利表现为宪法,尤其是其中宣告的基本权利条款;而这些基本权利条款的最初实现,就是宣告它们并把它们作为共同体此后的行为规范而确定下来的最初行动。立宪的时刻是一个典范时刻,基本权利可以看作该时刻的自我宣告。之所以说这个时刻是典范性或者理想性的,是因为从逻辑上说,基本权利的这种两面性表达了自我决定与共同决定的完美结合。宣告基本权利的行动在逻辑的层面必定是一次全体一致。按照商谈理论的思路,基本权利表达的是共同体成员能够共同运用法

---

① 哈贝马斯自己也已经说明,理性的同一性只是形式的同一性,它实际上分化为各种不同的具体的同一性。参见[德]哈贝马斯:《交往行为理论》(第1卷),曹卫东译,世纪出版集团、上海人民出版社2004年版。在规范领域,有效性同样分化为道德的、伦理的以及实用的有效性等具体类型。

律来调整其行为的那些条件,这些条件甚至都实现在成员表示异议的行动之中。所以,对于这些条件本身的宣告,只要其中的成员不犯自相矛盾的错误,那就已经是为每一个成员所承认和同意了的。[①] 因此,对于共和国的公民而言,他的第一民主政治经验就是:既要/能自我决定,又要/能共同决定。

其次,作为文本,基本权利在宪法条款中具有特殊的地位。它们能够将宪法争议吸收到自己方面来,直至到达两面性的临界处。法律体系不断往上层收缩,就好像原先被许可的,现在又重新被撤销许可,原先分出去的立法之权现在重又收回。由于在两面性的临界处,文意已处在争议之中,那么能够解决这争议的,就唯有作为行动的基本权利这一面。按照商谈理论的思路,这种行动可以实现在理想的言谈之中。而我们的考察又表明,商谈程序具有一种不可代为的性质。从这种不可代为的性质可以看出,"自我决定"的理念是多么深刻地融解在基本权利的概念当中。也就是说,宪法争议所启动的回溯运动,其理想的目标是创制之权被收回到每一个人自己手中,由其亲自为之。从这个角度来看,个人在一种宪法诉讼制度中针对有关规范提出合宪性审查的主张——这一景象充满象征意义。个人此时作为公民,真正亲自参与到了自我立法的过程之中,就像立宪时刻那些典范公民们一样,因为此时此刻他的主张或者将被采纳而获得法律效力,或者不能说服那些与他共同辩论的人(法官)而不能生效。[②] 但这行动中同样重要的一面也在于:他的否定同时也表达着肯定。

二、两面性的基础

基本权利的两面性似乎撑起了一个独特的空间,它使向下延伸和向上回收、使授予权力和收回权力等来回穿梭的行动拥有了一种逻辑

---

① 必定至少存在过一次全体一致,参见[法]卢梭:《社会契约论》,何兆武译,商务印书馆1980年版,第22页。

② 公共舆论是非制度性的,个人即使能在其中发出声音,那也不能是那种或者生效或者无效的,更不用说舆论能将个别人的少数声音放大,让它在共同体上空振聋发聩。宪法裁判就具有这样的功能。

上的可能条件。照此,宪法的概念就不能被缩减为一个平面。法律的商谈理论有助于我们洞察到这个逻辑空间,但我们还需要为它奠定更坚实的基础。这个基础需要从政治哲学上去加以说明。其实作为行动的基本权利所承载的内在方面,基本权利所指示的不可代为性已经向我们提示了语言逻辑之外、在存在的层面上活动的因素。立法程序中的代表与选民之间的关系是非同寻常的,因为这种关系使不可代为的行动在实际上被代表们所代表了。可以想象,把不可代为的行为交于他人去完成,这表示其中存在特定的信赖关系。而宪法裁判问题的提出,实质上表示这种信赖关系是有条件的而非无条件的。这就意味着在立法部门内部吸收宪法裁判职能的做法不可置信。① 宪法裁判问题首先是一个论证在立法部门之外设立独立部门承担合宪性审查职能的必要性问题。这无疑是一个政治问题:在一种信任关系变成疑问状态之时,如何才能从制度上终止这种疑问状态?在接下来的部分虽然不打算解决这类具体问题,但对存在基础的说明应该会给我们带来有关的启示。我们将首先把两面性的问题与政治哲学的传统联系起来,然后再来揭示这些关联的根据所在。

(一)中间考察:基本权利两面性中的两条政治线索

1. 基本权利的两面性与自由主义传统的关切

基本权利两面性所造成的宪法空间结构,与一条自由主义式的线索联系在一起——我这里所说的自由主义,指的是有关自由主义的这

---

① 显然,立法部门若能用自己的行动消除合宪性疑问,那它将会取得何等巨大的权威和信赖。但这恰恰不是一个现代立法部门所能做到的事情。立法部门自身承担合宪性审查的安排不会有效,其中的原因我们从上文已经辨析过的"内在商谈的不可代为性"上也可以看得很清楚。一方面,立法过程已经是对宪法的一种阐发,再在内部设立一道程序无非是让立法部门再次对它的自我意识进行表决确认;另一方面,这种对自我意识的再次反思由于并没有独立于立法商谈本身的内容,因此,这种安排无异于说,在立法过程中对决议事项在最终获得效力之前,重新对它进行一次辩论。(补充说明:哈贝马斯关于立法过程的说明并不是对立法讨论时间进程的说明,也就是说,他从逻辑的意义上安排在这个过程的最后的法律商谈,其实是可以在任何时候提出来作为论辩理由的,这样各个环节其实共时地并存在立法过程的任何一个时间点上)

样一种基础观念，即人人拥有不可转让的天赋权利。① 立宪主义的自由内涵因此通常被理解为宪法对政府权力的限制，但这个问题不仅仅局限在机构的配置形式，它还同时牵涉到宪法自身所采取的形式问题。

天赋权利的不可转让是不是应该包括以下这层含义，即天赋权利不可被有限的文字所“挟持”？成文宪法有一个写定的文本，因而不容置疑的是，它具有某种由文字界定的意义确定性程度。严格解释论、原旨主义方法论之所以能够找到有利于自己的论据，根本的一点就依赖于文本无论如何都在一定程度上具有的意义确定性。不过，要是把宪法的概念抹成一个没有厚度的文字平面，那“天赋”权利的观念就会失去意义，就会被法定权利取代。② 其实，“成文”的性质也许正好和实证主义所认为的相反。爱德华·S. 考文在追溯美国宪法的“高级法”背景时举《大宪章》的例子说明，成文形式或许不是一种通道的闭合，而是更为明确地打开这条超越之道：“《大宪章》之所以出名，更主要的是由于它是一纸文件，所以它可以明确而具体地体现高级法的观念。”③在这

---

① 社会契约论中的自由主义政治转型，其代表当然是洛克。尤其参见［英］洛克：《政府论（下篇）》，叶启芳、瞿菊农译，商务印书馆 1964 年版，第四章“论奴役”。

② 惠廷顿指出，正是德沃金的客观道德原则假设，使他从对宪法文本的依赖中解脱出来，以免使权利被宪法上的实定权利所取代；按照此类权利理论，宪法文本仅仅被看作在它背后的广泛的道德世界的一个表征。参见［美］基斯·E. 惠廷顿：《宪法解释：文本含义，原初意图与司法审查》，第 24、26 页。

③ ［美］爱德华·S. 考文：《美国宪法的“高级法”背景》，强世功译，生活·读书·新知三联书店 1996 年版，第 25 页。这里还值得提到一个事实：宪法作为法律的观念在美国宪政实践中绝不是像今天的“常识”所认为的那样不言而喻；相反，宪法被当作法律，但效力更高的观念乃是经过特殊的思想与政治努力的结果。根据西尔维亚·斯诺维斯的研究，早期美国宪法的观念把宪法视为一种政治证明：“成文宪法是要证明，政治权威的基础在于真实的、明确的社会契约，而不是其他情境下的想象的或假设的契约”。“第二时期司法审查的主要观念还是来自自然法传统。尽管人们广泛诉诸成文宪法，但宪法作为具体社会契约的地位，比它本身所具有的文字形式要重要得多。”参见［美］西尔维亚·斯诺维斯：《司法审查与宪法》，谌洪果译，北京大学出版社 2005 年版，第 23、25 页。斯诺维斯指出，第三时期即马歇尔法院为代表的时期，其革命性的核心内容就在马歇尔的下面这个论断之中：“尽管某种法律、特别是宪法的精神会受到不亚于其文字的尊重，但这种精神主要还是来自它的文字。”［美］西尔维亚·斯诺维斯：《司法审查与宪法》，第 137 页。如果斯诺维斯是可信的，那么美国宪法问题的原旨主义者们所说的方法首先就要倒转文本作者们对自己起草的文件的性质的看法。

一点上,以抽象语言来对基本权利作出宣示的做法,正好能够满足这种原理性的要求。①

另一种可能性是,立法者/多数可能通过启动修宪程序,给宪法文本塞进各色具有意义确定性的条款。通过这样一种具体化操作,少数的权利或许就被从源头上"偷"走了。天赋权利的"不可转让"性也化为泡影。也就是说,如果普通立法程序是值得自由主义提防的,那么修宪程序也同样如此。为了对抗这种危险,宪法便需要特殊的结构、需要特定的厚度。基本权利条款的宣言性质,或者说基本权利的两面性就撑起了这样的空间,用哈贝马斯的说法,这个空间是不能被任何机构操纵的。这样看来,基本权利条款的抽象性质与普通法律条款的语言结构问题根本不是一回事。在后者,语词的开放结构构成一个方法论难题,而在前者,抽象的语言倒成了一个本体论上的优点。

问题的另一方面是,文字意义的确定性同样可以说符合自由主义所要求的确定性,以及对政府的限制。美国之所以采取成文宪法的形式,就是吸取了英国不成文宪法缺乏明确性从而对政府行为缺乏真正的约束力的教训,以及美国殖民地特许状最终受制于英国不成文宪法的无常性格的经验。早期美国的公共理解认为,美国宪法具有"严谨和精确"的特点。马歇尔甚至说,美国宪法的语言如此明确,因此法官只需要睁开他们的双眼,就能发现什么是被宪法所明确禁止的。② 对语言确定性的信赖,其实表明的是人们对语言想要承载的原则具有信心十足的清晰理解。当这些共同原则被写成白纸黑字,就如一份共同签订的契约那样,随时可以向政府指出他们的责任和权力范围的所在,这对于一种有限政府的实践来说,确实具有重要的意义。不过,即使如此,还是不能武断地将美国宪法的主要优点归结于其成文形式。

---

① 例如,美国宪法修正案第一条;我国宪法第 33 ~ 39 条等。如果拿这些实在宪法的表述与哈贝马斯作为理论语言提出来的基本权利体系作一比较,我们就会发现,理论当中的抽象语言和这些具体宪法条文竟然差别甚微。

② [美]基斯·E. 惠廷顿:《宪法解释:文本含义,原初意图与司法审查》,第 50 页。马歇尔的这个说法不应当被夸大,因为很可能这只是他有意识地开启的宪法变革策略的一个部分,可以参见[美]西尔维亚·斯诺维斯:《司法审查与宪法》,第五章。

美国宪法观念的历史呈现出宪法原则与文本形式、自然法因素与实证法因素之间的彼此消长,[1]但这一历史之形成条件在于,宪法是结合了两者的独特文本。

无论是文本的确定性,还是文本的自我超越性,上面所作的说明似乎都在暗示自由主义政治的一个更为根本的基础,那就是对他人的怀疑与不信任。因为对权力的提防,需要明确的规则来对它加以限制;但也是由于对权力的提防,要求限制权力的原则能够避免在文字中耗尽(换一种说法,文字不能反过来对原则实施"弑父"行为。文字的尊严恰恰来自它对原则明白的宣告)。这种怀疑不能和认识论上的怀疑主义混淆,尽管这种混合是可能的。政治上的怀疑原则要求自我与正义、与上帝或者任何其他的原初的事物建立直接的联系,因此作为中介的事物就受到挑战。有形教会对上帝的解释权被各个人手中的圣经所取代,而有形的国家则逐渐被无人格的各色实证法驯服。有形教会思想的格言是"人在世上并不孤独";[2]与此相反,持怀疑立场的自我本质上是孤独的人。孤独与怀疑仿佛就栖身在宪法文本那种既限定又自我超越的双重特征之中。

2. 基本权利的两面性与民主传统的关切

在基本权利两面性所撑起的空间中,向"上"的回溯运动以怀疑作为其动因——疑心重重者将权力握在自己手中。与此相对,我们可以说,这个空间向下延伸的运作,即一个体系的日常运行状态则是由信赖构成其骨架的——为了克服因为怀疑而造成的回溯运动,从动力学的角度讲,能够发挥作用的另一种动力应该就是信任。将基本权利宣告出来,使其取得实证的形态,这本来就是一次庄严的承诺:作为共同体的成员彼此是可以信赖的。在实在宪法的层次之下,这种信赖关系就更加显而易见。前面我们指出,在代议制的例子中,代表与选民之间必定需要由特殊的信赖关系才能联系起来,才能跨越由内在论辩程

---

① 参见[美]西尔维亚·斯诺维斯:《司法审查与宪法》,第三章。

② "人在世上并非离群索居。"参见[德]卡尔·施米特:《教会的可见性:经院学思考》,刘锋译,载卡尔·施米特:《政治的概念》,刘宗坤等译,上海人民出版社 2004 年版,第 78 页。

序的不可代为性所制造的鸿沟——可予信赖者可受人之托行使权力。

如果仔细加以考察的话，不但向“下”延伸的运动有其信赖原则的作用，就是在带着怀疑的回溯过程也把信赖关系包含在内。按照商谈理论的思路，两面性在临界点上所开放出来的乃是一个共同行动的领域（可以称之为宪法商谈的领域）。因此，此前我们在回溯的顶点见到自我决定的怀疑因素之处，也见到了共同决定的伙伴关系。基本权利是共同行动的条件（也是这类行动本身），而这些条件的功能之一就是把每一个成员都构造为有行动能力的公民（自我决定者），同时也把各个公民构造成伙伴关系（共同决定者）。所谓共同体、共同行动等，已经把伙伴关系或者某种特殊的友谊与团结预先设定为前提了。共同事务共同决定的原则，其前提是这样一种信赖：共处的事务是能够由同伴们一起来加以决定的。这就是民主传统的关切所在：共同决定公共事务。而这个关切同时也预设了这种共同决定是可能的。通常民主政治被认为实现在日常政治或者各种民选机构的运作当中，宪法则往往被当作一份历史文件继承下来，仿佛是民主之外的监督者。但实际上，以基本权利为核心的宪法才是逻辑上民主的真正典范：在基本权利问题上必定存在全体一致。日常政治则与此形成对照，总是以民主理念的残缺形态而存在。正是在法律体系的起源之处，自我决定和共同决定之间的紧张关系取得了和谐。以基本权利体系为核心的宪法的权威，是否也应当从这个逻辑当中去寻找呢？

既要自己作主，又要共同作主，这就是民主制度的基本经验。由此也可见得，怀疑[①]和信任以一种奇特的方式结合在民主理念之中（这样，第一条线索本身就已经包含在第二线索之内）。政治理论中悬而未决的问题之一就是如何弥合自我决定与共同决定之间的差距，[②]但这类问题可能一开始就在提法上走错了方向。问题不是弥合两

---

① 关于民主理念中（尤其是民主的极端或者纯粹形式，即直接民主中）的怀疑要素，卢梭的论点或许是个很好的例子。他说：正如主权是不可转让的，主权也是不可代表的，“不管怎么样，只要一个民族举出了自己的代表，他们就不再是自由的了；他们就不复存在了”。参见［法］卢梭：《社会契约论》，第 128 页。

② 这方面最著名的例子仍然是卢梭，参见［法］卢梭：《社会契约论》，第 138 ~ 141 页。

者——除了实际上自由取得的全体一致之外,任何一种弥合的努力都将取消其中之一;我们所要做的,或许应该是考虑怎样维持两者并使它们都能够运作起来。站在这个立场看,直接民主的制度性设置有一种悖论性质。直接民主理念依赖的是政治限度内最高程度的怀疑(否认代表/代为的可能性)和最高程度的信任(每个人都来参与共同体决定的做出,这个决定人人有份,因而也就缺乏在此之外的另一个“上诉”机构)。民主的实际操作形式是多数表决。由于直接民主在全体范围内动员起来,排除了共同体限度内另一个不同权威的可能性,自我决定于是就有在共同决定中被完全地吸收/消解掉的危险,那种本来和信任结合在一起的怀疑有可能成为无所谓的东西。这满可以印证我们的直觉:像卢梭那样信赖那个多数决定所表达出来的“公意”,是不现实的。因此,直接民主为了能够持续地运作起来,就必须求助于另一种形式的怀疑装置,那就是把由怀疑—信任所搭建起来的空间结构,化解为时间结构,允许此次决定的事物在下次全民决定之时重启议题,对前一次的决定提出质疑,进行挑战。为此,直接民主也将失去全权的性质;它已经负担上了一些不为它自身的权力所控制的前提性条件,例如重启议题的机会不可断绝;而为了能够维持住这样的机会,民主议事的形式也将不得不一直保持下去——民主地决定废弃民主形式的规范可能性在此就被排除了。①

另外,怀疑和信任的铰合为“代表”的观念创造了条件。代议制政府即建立在代表观念之上。② 有一种对代议制的批评认为,假如代表的观念真正说来意味着每一位代表都是对整个共同体代表的话,那么以一定的可操作的代表数目来组成一个议会的做法,为什么就比由一个人来代表的做法显得更合乎逻辑呢?或许由一个人来代表,与由若

① 或许逻辑上全体必然达成一致意见的内容即是这些最基础的制度框架。

② 以下是对施米特的反驳,对立论点是对施米特立场的一个重述。关于施米特的立场可以参见[德]卡尔·施米特:《当今议会制的思想史状况》,冯克利译,载卡尔·施米特:《政治的浪漫派》,冯克利、刘锋译,上海人民出版社2016年版,第157页以下。从施米特的立场来说,与许多经典作家一样,他致力于揭露民主与自由主义之间的差异性,揭露两者理论逻辑的无关性以及政治逻辑(后果)的对立性。

干人来代表的做法相比确实只有程度的差别,但这里的程度却已经就是"质"的差别。单独代表意味着信任的彻底形态,这里在数量上所减少的,就是民主观念中的怀疑因素。在彻底清除怀疑之后,全民与代表之间的差别也就被抹去,彻底同一,民主"代表"的观念也就成为多余的了。无论如何只有植入另一些形式的怀疑,才能让全民直选的"代表"观念能够成立——例如,这种怀疑采取的是选民保留罢免和撤回授权的权力的形式,或者定期重新选举的形式等。①

(二)原理的澄清

中间考察表明,我们在逻辑层面上观察到的基本权利两面性,在存在的层面具有两个基本的关切,即怀疑与信任。

权利的观念联结着怀疑,甚至可以说怀疑是权利观念的构成条件,无怀疑即无权利:"当一个人充分意识到自己需要什么,认识到自己正受到别人的威胁,而别人也受到他的威胁时,这种意识即可被称为权利,并且可以被转化为一个与政治相关的术语。"②意识到自己需要什么并不就能产生权利的观念。需要和威胁相比,彼此间往复循环的威胁感才是更基础性的东西。对他人的猜忌,以一种源始的方式进入到了基本权利的观念之中。而且这种怀疑并非单纯心理学上的事物;相反,怀疑是人自我处境的根本写照,因为人是残缺有限的存在,尤其缺少窥探他者心灵的能力。如果有上帝的话,他绝不会怀疑,他的全知全能足以克服任何怀疑。③

不过,基本权利涉及的不是普通的需求,对基本权利的侵犯也并非有形占有物的剥夺。基本权利是权利的权利,因而基本权利所面临的威胁表示的不是收益的减损或既得利益的丧失,而是对得以有需求的前提的贬损或否定。这个前提即是"我",这个与他者"划界而治"

---

① 需注意的是,这里所说的一人代表中的"一人"其实可以采取许多不同的变异形式。比如国家当中的另一个有限组织,这个组织自身遵循一套与国家公共形式的体系不同的体系,此时,不论这个有限组织是否是一人代表的,这个组织仍然可能构成本文所说的"一人"。

② [美]艾伦·布卢姆:《美国精神的封闭》,战旭英译,译林出版社 2007 年版,第 121 页。布卢姆在这里几乎是在重述霍布斯。

③ 参见[法]笛卡尔:《第一哲学沉思集》,第 46、49、55、98 页。

的我。作为权利的权利，基本权利指向的就是这个顽强的核心“我”。[①]

“我”也是有条件的。划界本身就构成这些条件中的先决条件。所谓的对需求之物的威胁感伴随着一种先行的划界行为，而最基础的划界行为就是“我”的出现。划界行为创造自我，但也创造怀疑，自我与怀疑同生。[②] 所以，如果说怀疑产生权利，那就不妨更完整地说：划界行为创造权利。巧合的是，权利自身也仍然包含了在人我之间划分疆界的意思。

划界确立了基本的差异，差异使“我”具有了为之操劳的特殊事务，比如为“我”，也是为差异本身而操劳就是最基础的操劳行动。而这操劳的表现在于神色不宁、疑云难释、心烦不已。这就有一种克服焦虑心态、寻求安宁的需要。对此，霍布斯那孤独的、并存着一个个自我的自然状态是最好的明证。按照他的看法，造成争斗的主要有三种原因：竞争、猜疑和荣誉。不过唯有猜疑才构成本质问题，因为猜疑促使人们寻求安全；甚至战争状态的概念也主要应当从猜疑这种不得安宁的心绪当中去理解。[③] 虽说人们将采取什么样的方式来克服不安状态这一点是不确定的，但其中总需包含一个要素，那就是将未来共处的原则宣告出来成为可以指证、援引的东西。然而“社会契约论”的诡异之处在于，为了能够坐下来为将来订下一个共同契约，自然人彼此

---

① 这里的考察很大程度上是从斯宾诺莎、克尔凯郭尔对“怀疑”的可能性所作的讨论中得到启发的。斯宾诺莎的结论是，怀疑的条件在于，人具有对观念的观念。克尔凯郭尔进一步确认这里的“对观念的观念”为“意识”。换言之，自我（意识）即怀疑的根源。参见[荷兰]斯宾诺莎：《知性改进论》，贺麟译，商务印书馆 1960 年版，第 53 页；[丹麦]克尔凯郭尔：《论怀疑者》，陆兴华、翁绍军译，上海世纪出版集团 2006 年版，第 59 页及第 62 页注[1]、第 63 页注[4]、第 64 页注[13]、[14]。

② 笛卡尔的著名命题：我思故我在。考虑到笛卡尔的论证实际上借助的是思维的特殊形式之一，即怀疑，因此这个著名的命题可以改写成：我怀疑故我在。这个命题还有更惊人的变形：（怀疑）在（怀疑）故（怀疑）存在。怀疑仿佛走在一切肯定之前。参见[法]笛卡尔：《第一哲学沉思集》，“第二个沉思”。

③ 参见[英]霍布斯：《利维坦》，黎思复、黎廷弼译，商务印书馆 1985 年版，第 94 页。对这个问题最有启发的阐释，可参见[法]米歇尔·福柯：《必须保卫社会》，钱翰译，上海人民出版社 1999 年版，第 80～82 页。

之间需要一个关于订立契约的契约，如此往复，以致无穷。换言之，一个实在的社会契约总以一个先前的虚拟的契约为前提。但先前的契约能够是什么内容？如果遵循卢梭的想法，将原初契约理解成缔结为共同体的契约，那么那个先前的虚拟的契约其实包含同样的内容。从理论上来说，这里就遇到一个无穷倒退的难题。其中的实质问题在于，即便自然状态的人互相之间将社会契约的内容一字不差地各自宣告一遍，也不能确定自己遵照这契约行为而放弃自然状态无约束的权利之后将遭遇的命运是如何。因此，怀疑决不是对随便什么东西的犹疑不定，而是对他者的无把握。自然状态的僵持恰恰是一种共同一致的认识：每个人都以同样的方式在算计着。从这里，我们可以说，问题不是对原则本身的内涵是否有确切的认识，不是自然正义的法则是否得到了认识，也不是相反的，是否根本不存在正义；比这些问题更利害相关的，乃是"我"是否能够掌握自己的命运而不受欺骗。所以，怀疑其实是一种权力诉求，一种自我掌控的意愿。作为权利的权利的基本权利实质上正是最基本的权力意识。

运用社会契约论传统来对基本权利两面性的现象进行说明是有根据的。哈贝马斯在辨析康德与霍布斯的"社会契约"观念的时候，也阐明了或者说引入了一种改造过的社会契约论模型。在他看来，"社会契约毋宁说具有这样的独特性质，即它一般来说是没有内容的，而把自己本身确定为法权原则①支配下之建立社会联系过程的模式。它用以言施为的方式确定法律在其之下能够获得合法有效性的条件"。② 缔结"社会契约"的行动，其结果就是把"社会契约"本身作为法律共同体的行为规范确立下来。在此，"社会契约"观念的多义性质

① "法权原则"是康德的术语，它是绝对命令在人与人之间的外在行为方面加以运用的结果。其内容就是下面这条公式："外在地要这样去行动：你的意志的自由行使，根据一条普遍法则，能够和所有其他人的自由并存。"参见［德］康德：《法的形而上学原理》，沈叔平译，商务印书馆 1991 年版，第 41 页。该公式所表达的主观自由以及普遍化内涵是商谈论所坚持的方面；但商谈论所改造了这条公式表现出的独白性格。

② ［德］哈贝马斯：《在事实与规范之间——关于法律和民主法治国的商谈理论》，第 116 页。

挥发出丰富的象征意义。它既容易被理解为历史上的事件,但这个事件却被理论家当作逻辑构造来运用。因而,这就是基本权利的两面性:它们既是逻辑范畴又是实质存在,既是行动又是文本,既是起源又是结果,既是过去又是现在并因而指示未来。

4. 拉德布鲁赫公式与信念伦理：关于“恶法”概念的评论*

一

根据拉德布鲁赫公式，恶法首先是个程度问题。也因此，对待恶法的“程序”要处理的是一个程度不断升级的过程，这个升级过程最终在不再能被视为“法”的“恶法”上达到极点：

> 正义和法的安定性之间的冲突是可以得到解决的，只要实在的、通过命令和权力来保障的法也因而获得优先地位，即使其中内容上是不正义的、不合目的性的；除非实在法与正义之矛盾达到如此不能容忍的程度，以至于作为“非正确法”的法律必须向正义屈服。在法律的不法与虽内容不正当但仍属有效的法律这两种情况之间划出一条截然分明的界限，是不可能的，但最大限度明晰地作出另外一种划界还是有可能的：凡正义根本不被追求的地方，凡构成正义之核心的平等之实在法制定过程中有意地不被承认的地方，法律不仅仅是“非正确法”，它甚至根本上就缺乏法

* 原文系提交历史法学 2017 年“恶法”主题会议的参会文章。

的性质。①

这段论述刻画出了一条光谱,在光谱的一端是完满的制定法,另一端是丧失法律性的制定法,中间则是程度不等的有缺陷的制定法。历来关于拉德布鲁赫公式的研究,都把这个段落解释为提出了两个子公式:不能容忍公式(实在法与正义的矛盾到达不能容忍程度时,不具有法律效力)以及否认公式(根本否定正义、否定正义之核心平等的制定法不具有法律属性)。然后在这个基础上产生了关于两个公式之间关系的各色理论。这当然是有道理的,但我更希望强调这个雄辩的段落本来具有的简明品质,也就是说,正义和法的安定性之间冲突的解决方案是:(1)从安定性的优先性出发;(2)经由可以容忍的不义(非正确法,或者有缺陷的制定法);(3)到达不能容忍的不义(有缺陷的制定法不应被适用,即"屈服于正义");(4)一直到最极端的不义(制定法丧失法律属性)。拉德布鲁赫认为,在第(4)个阶段,是可以以最大的清晰度,提出区分的界限的。这说明,第(4)个阶段的情形被认为是显然的、确定的。它与第(3)个阶段的区别,就在于"不能容忍"这种"主观"确信,在这里获得了某种客观的证明。有待解释的是,这种客观的证明究竟是什么。②

把上述谱系区别为两个不同的公式的理由之一,同时也是最有理

---

① [德]古斯塔夫·拉德布鲁赫:《法律的不法与超法律的法》,舒国滢译,载雷磊编:《拉德布鲁赫公式》,中国政法大学出版社2015年版,第10页。根据英译本,这个段落的译法有一些微小的差异。对于本文的分析直接有关的是其中这一句:"在法律的不法与虽内容不正当但仍属有效的法律这两种情况之间划出一条截然分明的界限,是不可能的,但最大限度明晰地作出另外一种划界还是有可能的"。如果根据英译本译出这一句,则是这样的:"在制定法丧失法律属性的情形,和尽管有瑕疵但仍属有效的制定法的情形之间,划出一条泾渭分明的界限,那是不可能的。但是,可以最大程度的清晰性来划出一条界限"。重点是,英译本中没有"另一种划界"这个表述中的"另一种"这个意思。英译本参见 Gustav Radbruch, Statutory Lawlessness and Supre-Statutory Law, trans. by B. Paulson and S. Paulson, *Oxford Journal of Legal Studies*, vol. 26, 2006 (1), pp. 1 – 11。

② 这里的解释,同比如阿列克西的理解正好是相反的。照他的理解,不能容忍公式涉及的问题恰好是客观的,而否认公式涉及的则是主观的。参见[德]罗伯特·阿列克西:《为拉德布鲁赫公式辩护》,林海译,载雷磊编:《拉德布鲁赫公式》,中国政法大学出版社2015年版,第192页。

论意义的理由在于,“不能容忍”公式无疑是一个参与者的视角,而“否认公式”则是一个理论家的观察者视角。[①] 不能容忍只能是参与者的不能容忍,而正义作为其核心的平等是否被有意的否定,这一点则是对某个对象(无论是立法过程还是这个过程的产物)的观察、描述。问题是,拉德布鲁赫用所谓的“两种视角”,是在同一个段落中,解决同一个问题(也就是实在法与正义的冲突问题)。所以,这两种视角必定应当被整合进一条线索之中。这条线索不难理解:拉德布鲁赫认为能够以最大限度的清晰性予以指明的情形,正是“不能容忍”[②]所表达的参与者的主观世界,与法律科学家的观察者视角融合的场合,或者说丧失差别的场合。不可能存在“能够容忍”却被观察者否认法律属性的情形——这一点也许可以争议,但由于拉德布鲁赫持(伦理学)相对主义立场,所以在他却不得不如此:只有当参与者将实在法与正义的冲突感受为不可忍受时,观察者才有可能判断这个实在法有意地否定正义;[③]也只有本质上是同类的观察者能够判断特定的实在法有意地否定正义,参与者才能对自己的“不能忍受”形成客观的确证。这就是上文所说的,在第(4)阶段所获得的客观确证。其“客观性”的实质,就是所谓的参与者与观察者这个区分的消融。

所谓参与者的视角,首先是指从某种特定的正义观念(或某种特定的法理念)出发看待法律的视角;而拉德布鲁赫式的观察者视角,则相应地是从法律必然与法理念相联系这样的视角来看待法律,至于法理念具体是什么,则取决于具体法律体系(与特定法理念相对,可以把

① 这里采纳了雷磊的观点,参见雷磊:《再访拉德布鲁赫公式》,载雷磊编:《拉德布鲁赫公式》,第142页以下。同时参见[日]足立英彦:《拉德布鲁赫公式——参与者视角抑或观察者视角》,载雷磊编:《拉德布鲁赫公式》,第132页以下。

② 可能有必要强调,“不能容忍”是法感层面上的不能容忍,而不是是否能够“忍辱偷生”意义上的“容忍”问题。

③ 单纯从相对主义立场出发,一个观察者无法仅从自己的观察者角度出发,“发现无法从正义或道德的价值来定义某个制定法”:当你认为无法从正义或道德来定义某个制定法的时候,你又凭什么能够忽略这个制定法的制定者和承受者(也就是参与者)们的立场呢?对下文所说的两个理念(形式正义和人权)的侵犯,也是一个程度问题,即便它们是构成性因素,观察者也必须参考参与者是否能够忍受。

它称为一般法理念)。若如此,则参与者视角与观察者视角之差别的消融点,就应该是某种不包含任何法理念的情形。然而,从相对主义的立场出发,这种不包含任何法理念的情形是不可能存在的,因为任何人对他的任何主张都可以赋予某种“价值”。在政治权力的场合,没有哪个权力会声称自己所追求的目标是邪恶。但是,对拉德布鲁赫来说,相对主义在法律问题上一开始就是受限制的,他早期的形式正义观就具有这个效果。(1)早期形式的正义观,即只要实在法能够被认为是存在的,就必定意味着某种安定性(legal certainty),即便它可能包含了严格地依法执行一种实质的罪恶(霍布斯称为有秩序总比没秩序好,拉德布鲁赫称为有法总比没有好,但更恰当的描述来自富勒:当官员的行为与事先确定的规则不相符合,甚至是系统地不相符合,那么这种事先确定的规则就不是法,[①]哪怕这些法的内容无比美善)。安定性这个法理念因此对法来说具有构成性。(2)“二战”后,拉德布鲁赫则把具有实质内容的人权引入了“正义”的内涵之中。这一点通常被认为是他的自然法转向,这样的评价似乎也暗含着,不调整其相对主义立场,拉德布鲁赫就不可能进行这样的“转向”。然而,我们未必要陷入相对主义抑或普世主义的伦理学难题。因为在人与非人之间不存在法律,所以违背人权达到极端程度(剥夺生命,以及给人以不能忍受的生存,例如奴隶状态[②])时,那些呈现为规则外观的事物,对于它们的客体来说,不是法。即使是为服从义务做最强辩护的霍布斯,也把这种情形当作是敌对行动。就如人不可能为畜群立法,纳粹也不可能为犹太人立法。——当然,人们很容易在这里提出质疑:问题不正是纳粹消灭犹太人的法律对纳粹的官员和普通成员是不是法么?但是,对德国犹太人不是法的事物,对纳粹也不可能是法。一名官员适用法律的意思是,他所适用的,是对被适用的对象来说也应该

---

① 参见富勒列举的法律内在道德中的第八项“官方行动与公布的规则之间的一致性”,[美]富勒:《法律的道德性》,郑戈译,商务印书馆 2005 年版(2014 年第 6 次印刷),第 96 页以下。富勒特别指出,这一项要求是“最复杂的”。

② 这里举的是霍布斯给出的例子。可参见[英]霍布斯:《利维坦》,黎思复、黎廷弼译,商务印书馆 1985 年版(2014 年第 10 次印刷),第二十、二十一章。

是法的法（或许可以引用黑格尔那表面看来有些夸张的说法，就是罪犯招致的刑罚在本质上是他自己所要求的①）；如果不是这样，那么，他所做的，无非是披着法律适用外衣的另一种行为，那就是战争。不是适用法律，而是执行命令。纳粹官员和成员仍然受到某种约束，无论出于信念还是恐惧，但这种约束不同于法：如果不能在“消灭敌人”的命令，和“处死罪犯”的法律执行行为之间作出区别，那将会使“朋友/敌人”这个区分本身丧失意义。以这样的方式来理解纳粹问题，其结论将是：所有纳粹官员（也许还包括某些普通人民），在战败时刻都是战俘，而不是普通民政官员，也不是普通刑事犯罪嫌疑人。②

如果形式正义和人权是两个构成性的理念，那么法秩序的参与者（而不是任意一种其他形式的人间秩序的参与者）的特定正义观念，就必须在这两个理念围拢的意义空间之内才可能是主观的、相对主义的。只要行动者们处在共同的法律世界，那么这两个理念就是每一个特定正义观的组成部分。在形式正义或人权遭受最极端侵犯的情形，法理念之“特定的”和“一般的”这种区别也就不再成立了，拉德布鲁赫意义上的参与者/观察者的区分也就无所依凭了。就此而言，拉德布鲁赫公式最好被理解为这样一个冲突升级过程：在一个正常法律体制之中所建立的各种差别，在最为极端的恶法情形之中瓦解。甚至可以说，在极端情形中，恶法不只是使自己丧失法律属性，而是使某种世界结构毁灭，因为人间世界或者某个共同体的人间世界，正是由一系列稳定的区分、划界建构起来的，尽管这些区分、划界未必是永恒的。

二

在拉德布鲁赫公式中，中心人物是法官。法官服从法律，而不是服从自己，哪怕法律与自己的信念冲突：“法官的义务在于，让制定法

---

① 参见［德］黑格尔：《法哲学原理》，范扬、张企泰译，商务印书馆1961年版（2010年第9次印刷），第100节。

② 一定程度上说，本文以非实证主义的方式得出了与实证主义者（如哈特）类似的结论。

的效力意志生效，并使得自身的法感屈从于权威的命令，他只要追问什么是合法的就可以了，而无需去追问它是否是正当的……”[1]虽然有些许差异，但这幅法官的标准像，同韦伯为官僚制中官员所画的肖像，何其相似：“官员的荣誉所在，是他对于上司的命令，就像完全符合他本人的信念那样，能够按照发布命令者的责任忠实地加以执行。即使这命令在他看来是错误的，而在他进行申辩之后上司依然坚持命令时，他仍应忠实执行。没有这种最高意义上的道德纪律和自我否定，整个机器就会分崩离析。”[2]难怪拉德布鲁赫把“法律就是法律”的法律实证主义态度同“命令就是命令”的军事纪律相提并论，也难怪会有论者把现代法理型支配的正当性干脆就指认为官僚制的组织原则。

在行政秩序以及军事纪律之中，下级没有违抗上级的权利——这句话的意思只是说，当一名下级违抗上级之时，他所根据的不可能是他作为下级这个身份；这个身份在他违抗上级之时就作废了。（这个下级身份，正如韦伯所说的，允许他抗辩，但只要上级坚持己见，下级就仍需执行命令。也就是说，下级没有抗命之权。）他所能凭借的，将是把自己以某种方式超拔于上级同一个水平上的依据或标准。但这一点对法官的情形却存在某些疑难：假如极端不正义情形之下的“恶法”并非法，那么拒绝它的法官恰恰没有丧失他的法官身份。但这样的理解掩饰了现实：现实是，法官是从另一个不同的“主体”那里接受制定法或实在法的，无论这个“主体”是过去的还是当下的。当极端的恶法来到法官面前之时，他并不是单纯面对恶法，而是面对着另一个将恶法摆到他面前要求他予以适用的力量。所以，拒绝恶法作为法，实质就是拒绝这另一个主体的要求。常规情形下法官相对于这另一个主体而言的“下级”身份，在这个极端时刻也被搁置了，甚至是被废弃了。所谓司法者，站在了同立法者相平等的位置上。

但不存在立法者与司法者的平等，就像不存在上级与下级的平

---

① 转引自雷磊：《再访拉德布鲁赫公式》，载雷磊编：《拉德布鲁赫公式》，第169页。

② ［德］马克斯·韦伯：《以政治为业》，载［英］彼得·拉斯曼、罗纳德·斯佩尔斯编：《韦伯政治著作选》，阎克文译，东方出版社2009年版，第264页。

等；所能平等的，只能是这些平日里不平等的身份载体所共有的某种身份，是另一种身份。这个身份不是别的，正是他们作为共同体的成员这个事实：他们是作为公民，甚或是作为人类而平等的。日常的政治法律建制——如果韦伯确有足够的说服力的话　就是机器化的世界，一系列的区别，就如一部机器的零件和接口。人在其中被部件化了。而对于这样部件化的人——“作为机器的一个齿轮”——拉德布鲁赫公式意味着从机器之中脱出，把零件变为人格，把自己重新收回。按照康德的用法，这是走出理性的私人运用，而进于理性的公共运用。私人运用不是私自运用，而是任何基于既定约束的运用，这种运用是一个官职或一项具体事物固有的要求。通常的用法是把官方的当作公共的（沟口雄三把这样的立场当作日本思想传统的特征所在[1]），而把民间的、个人的，当作私人的。康德的用法则超出这个界面。所谓启蒙，稍显夸张地说，就是理性不受任何限制地运用，除非受到理性自身的限制（划定这些限制，就是三大批判的任务）。[2]

法官的义务是适用法律，因此面对非法的恶法，他出于法官身份的“逻辑”，不应适用它——这一看似无比严密的“逻辑”，却忽略了下述“事实”，那就是，法官的这种行为同任何一个反抗恶法的行为具有的政治法律含义，并无二致：我们同样可以说，普通公民面对极端恶法，应当将其作为非法而不予服从（作为法律的臣民，他服从的只应是法律而不是非法），而此时他其实正好也摆脱了作为法律的“臣民”这一日常身份。普通公民将有关恶法的诉讼提交法官处理，绝非因为他把法官视为一种他无条件予以信赖和服从的“权力”，而是因为在法律手段尚未穷尽之时，他有希望在既有体制之中找到同伴。他所要向之

① 参见［日］沟口雄三：《中国的公与私·公私》，郑静译，生活·读书·新知三联书店2011年版。

② 参见［德］康德：《答复这个问题：“什么是启蒙运动?”》，载康德：《历史理性批判文集》，何兆武译，商务印书馆1990年版（2013年第8次印刷），第23页以下；关于《纯粹理性批判》与启蒙或政治之间的关系，see Michel Foucault, “What Is Enlightenment?”, in Paul Rabinow, ed., *The Foucault Reader*, Vintage Books, 2010, p. 38；关于《纯粹理性批判》的司法结构，参见许小亮：《纯粹理性的法律构造——〈纯粹理性批判〉的法哲学意蕴》，载《学术月刊》2016年第7期。

确证的那个法官，不是在我们的权力崇拜之中看到的那种更高的权力，而是没有实际权力的判断（它既不掌管钱袋，也不掌管枪炮）。

真正的“逻辑”倒是这样的：极端的恶法之为非法，并不是简单地意味着某一声称是法律的文件被宣告无效；它更意味着一种自然状态重新被召回人间（尽管不同的人可能会对这一自然状态的含义有不同的理解：有人会惊恐地把它认作是霍布斯式的，有人则会把它当作洛克式的，如此等等）。在这个意义上，一切政权，包括邪恶政权，都有回避恶法的本能，只有愚蠢才会教导它的统治者制定此种极端的恶法（知识即德性这个命题用在个人身上也许容易陷入诡辩，但用在国家治理问题上，则无疑要恰当地多）。拉德布鲁赫自己也不主张轻易地运用那个所谓的“否认公式”，从本文的解释来说，这一考虑不仅出于实践上的审慎，更出于理论上的审慎。

上述讨论归结起来就是：拉德布鲁赫公式表述了实在法与共同体成员之法感冲突升级的过程，揭示了在极端恶法情形下各种建构性的差别瓦解的逻辑，提出了极端情形下社会分工体系中的一员从机器中脱出、从私人性走向公共性的要求。法感是共同体成员内在信念的一种，但在任何信念都是行动信念的意义上，信念即法感，法感即信念本身（宗教的、伦理的、社会的、经济的，等等，只要涉及行动决定，就都是如此）。拉德布鲁赫公式所表达的，看来可以被理解为是有关信念伦理的伦理：它是有关自身信念应当如何安置的问题，是如何进行自己的信念行动的问题；而它的答案似乎是，基于信念的行动通常并不是从信念本身获得自己的道德价值的，而是从该信念被执行的方式获得道德价值的，可以说，拉德布鲁赫公式以简明的形式刻画了这个“方式”。

拉德布鲁赫公式既没有断然地肯定信念，当然更没有断然地否定信念。它提出的是信念作为信念而出场的“程序”。在日常的行动领域，毋宁说信念总是处在受到压抑或约束的状态，这意味着日常状况之中，人间事物存在的道德性，有比信念更复杂的来源。极端的恶法取消了对信念的日常约束，信念面对极端的恶法以纯粹的形态，也就是韦伯所界定的那种不计后果的信念伦理形式,得到证明。不计后果的信念伦理,在政治世界往往是道德上的恶,或者代表着政治上幼稚。但极端的恶法,其极端性质却正好证明了不计后果地对抗它这件事,恢复了它本来的绝对性质。忍无可忍,无须再忍。古老的处世智慧,早就道尽了其中曲折。人们经常会指责执着于自身信念的人为“过于极端”,这不正好印证了这里的观察吗?伦理的常态恰好是顾及后果的责任伦理,而非常的伦理则是不计后果的信念伦理。①

三

拉德布鲁赫公式是纳粹经历的产物。无疑,纳粹以及类似纳粹的恶法,其恐怖和邪恶程度堪称极端。但人类在学习善,也在学习恶。恶政同样会进化。所以极端的恶法,虽然在理论上使用起来很便利,却未必总是能昭示“真理”。之所以说“一切政权,包括邪恶政权,都有回避恶法的本能,只有愚蠢才会教导它的统治者制定此种极端的恶法”,其原因也在此。在某种意义上,极端恶法因为恶得极端而昭然若揭,人们对它们的反思会变得“轻而易举”,直至真正的反思变成政治正确笼罩之下的“禁忌”。无独有偶,“二战”后的德国、欧洲乃至世界秩序,建立在对纳粹这个极端恶的恐惧、否定之上,纳粹或者类似的暴政成为命名恶法恶政的标签,成为衡量恶法恶政的标准,殊不知,日常化的恶法恶政遵循的是相当不同的“逻辑”:在极端恶法面前,信念解脱了束缚在它身上的日常约束,它也因此得以把恶法直接当作单纯的暴力或者邪恶;但在那个还需要测试“容忍度”的日常语境之中,正义感将遭受不那么极端、不那么严重的庸常而“有缺陷的法”的“剥削”——你的法感还能忍受的那部分“正义性”(也就是与你“不能忍受”的那个极点相距的那段距离),就像(按照马克思的术语来说)工

① 韦伯关于信念伦理与责任伦理的区分,看起来与这里的论断是正好相反的:责任伦理作为政治家的伦理,是区别于日常道德生活的不同的伦理法则。但如果我们关于日常伦理生活的语境是中国式的通情达理,而非韦伯(在理论上)所面对的价值相对主义,那么这个表面上的冲突,也就不见得是什么大不了的冲突。

人在超出必要劳动时间而多生产出来的那部分价值一样，是被对立的力量无偿占有的剩余价值。因此，统治权力奉行的公理，大概就是：不要太过分，不要搞极端。把恶控制在某种度量之下，行恶的同时攫取并再生产出自己的正当性。

如果面对极端恶法的信念是客观信念，是主观和客观（在这里就是我者和他者）这种基本区分消失了的信念，那么在拉德布鲁赫所谓的“有缺陷的法”的情形下，关于实在法之为恶法的信念则呈现为这种信念持有者自己的主观立场，受到附加于信念之上的各种“权重”的约束。也就是说，他关于实在法之为恶法的判断先要被归类为单纯的“异见”或分歧——与这种状况十分类似的情形是个案化：例如，实在法本身的内容也许不受争议，但它的执行却与其内容不相符合，并且这种“有法不依、执法不严”状况被系统性地转化为个案，如果可能，再将个案从公共空间封存——虽然个案的不公乃是人类有限性的必然产物，但正是这种自然的必然性，能够被调用来为个案之恶服务。“个案化”把恶孤立出来，实质是把恶的承受者孤立出来。同样地，在关于实在法的“异见”当中，“有缺陷的法”的承受者也在经受着一个无形的私人化过程：他的体验、感受、判断，被从公共性之中隔离出去，恶法成为只能从他的角度出发才能被感受和认识的事物。他在这里只是他自己，他所提出的恶法问题也成为他的孤独处境的写照。

在法律论证理论那里，这个问题被解释为论证负担：拉德布鲁赫公式假定了实在法的优先性，因此要在具体个案之中否定这种优先性，则提出这种否定者必须承担论证的责任。诉讼程序中的法官所承担的功能，也可以被理解为是孤独的个体寻求公共化的通道。但拉德布鲁赫公式要求，在尚未达到“不能忍受”的程度之时，拒绝打开这一通道。这样，经过这个公式的中介，某种恶法状况成了必须忍受的恶，甚至转而成了应当服从的恶。因此，与极端情形中拉德布鲁赫公式所展示的潜能相比，“有缺陷的法”的情形中，这一公式的功能正好相反：它不是把法官从“机器的齿轮”中解放出来，而是为“机器的齿轮”作了确证。

应当指出的是,拉德布鲁赫公式体现了法律生活中基本的现实感和分寸感。然而,这并不能成为该公式正确性的证明。实在法或者法律安定性这一法理念的优先性,似乎以“实在法的内容是明白地给定的”这个假定为前提。纳粹这样的极端邪恶体系倒是很符合这种前提性的理解。但在聪明地回避了极端邪恶体系的体系中,就有理由以不同的方式来理解实在法。例如,在有关法律整体性的理论中,[①]既定的实在法内容其实并不是“直接”给定的,而是经过“整体”的解释才能予以确定的。我不打算进入法律理论中的那些复杂争论,只想指出德沃金式的法律理论的一个优点:实在法的内容是所有可能的人共同参与来形成的,而不是立法者一锤定音之时就给定了的。此即所谓的续写章回体小说。在这样的法律理论当中,法官实质上是占据一个官职的公民,是争讼双方的法律伙伴,而不是悬置了他的公民身份的官员。他履行公断人的职责的过程,同时也是履行其公民责任的过程。这个“机器的齿轮”是以解脱出“齿轮”状态的方式来发挥其“齿轮”功能的。哈贝马斯批评德沃金的法律理论局限于“独白”,而没能达到“商谈”。[②] 可是,假如不能让在“齿轮”的位置上、从“齿轮”的角度进行理性“私人运用”的法官,转而从整体的角度,以公民甚或人的身份来进行理性的“公共运用”,又如何可能有所谓的“商谈”呢?部门之间、具体的角色之间,存在的只能称为“谈判”或“交易”,只有普遍的公民身份之间才有“商谈”。要做到这一点,就必须把法律理解为所有可能的参与者共同形成的产物,而所有的参与者在这个形成过程中也都是同样的共同体成员或同样的人类。

拉德布鲁赫公式原本试图在极端的恶法与有缺陷的法、服从正义和服从实在法之间画出一条界线,同时它也意味着在法官的官职和超出官职之间画出一条界线。本文的考察想指出的则是:问题不是画界,而是把在极端恶法情形中公式的解放潜力普遍化。这样,本文也

---

① 德沃金的法律理论即其代表。

② 参见[德]哈贝马斯:《在事实与规范之间——关于法律和民主法治国的商谈理论》,童世骏译,生活·读书·新知三联书店2003年版,第五章。

就与大多数拉德布鲁赫公式的研究不同,把重点放在了所谓的否认公式而非不能容忍公式上。当然,恶是人的生存论处境,是“自然的”,没有哪种公式能从理论上“解决掉”它,更不用说在实践中消除它了;但以某种方式反抗统治者利用这种“自然的必然性”来剥削我们的法感,却是可能的。

5.“敌意”的政治学:关于《利维坦》的思索*

一、引言:敌人与敌意

敌人(enemy)总是与敌意(hostility)相关。敌人可以是被确定了敌意的他者。当这个他者被认为持有敌意,并且有将敌意付诸实行的现实可能性时,他就成为敌人。把根本缺乏采取敌对行动之能力或现实可能性的人当作敌人,若不是出于对客观情势的误解,就是出于精神错乱。不过,对于人来说可悲的是,这类现实可能性本身是感知的结果,是某种想象,因此,“精神错乱”与错误认识近似,而错误认识与正确认识相仿。即便如此,敌意仍然不是一个可脱离于客观可能性的单纯主观意图。所以,另一方面,一个实际上并不持有敌意的人,却可能因为有现实的侵害可能(客观的危险性)而被视为敌人,也就是说,他者之为敌人并非因为他实际上持有敌意并具有采取敌对行动的可能,而在于,我因为感知到这种客观危险,而把这种客观危险当作他者持有敌意的证据。换言之,他者的存在本身就是其敌意的证据。“我”为自己敌对性的自卫行动寻求正当化时,往往会采取这种把客观风险解释为主观意图的做法。但公允地讲,毕竟存在这样的可能情形:他者没有敌意,“我”仅仅由于其危险性的存在就对他抱有敌意。这样,就存在一种没有敌意的敌人。但他仍然与敌意相关。因

---

* 原载许章润、翟志勇主编:《历史法学》(第11卷),法律出版社2016年版。

为很显然,敌意不是敌人的单方意图,而是我者与他者的"意图—意图—……"的循环网络。

霍布斯的自然状态就是对这种敌意状态的描述,而他的《利维坦》正是约束敌意的政治哲学。通过约束敌意,一切人对一切人的战争这种敌人社会,转换成了政治社会,也就是敌意丧失行动理由的文明状态。不是敌意被根除了,而是敌意被压制/转化了。至少在霍布斯的理论中,敌意是比敌人更为基础性的概念。霍布斯政治哲学作用的对象,也就是思考的对象首先是敌意,而不是敌人,因为霍布斯的出发点是那些怀有和平意愿但却不得不以敌意相对的人们。在某种意义上,霍布斯的政治社会中,敌意恒在①而敌人不再;但是,即便敌意恒在,它也已经与自然状态下的敌意状态不同了;并且,正是这种差异,构成自然状态同文明状态之间的基本区别。

二、自然状态与敌对意图

霍布斯对自然状态的描述以"一切人对一切人的战争"这一悲惨景象著名,但正如福柯理解的那样,在霍布斯的自然状态中,并没有实际的战争;按照霍布斯设定的那种平等状况(无论是能力的平等,或者能力差别不足以制造绝对的优劣,或者是人作为人的脆弱性的平等),任何实际的战争都将把自然状态带向系统崩溃。② 如果对《利维坦》作更切近的解释,那么所谓的自然状态,最好被理解为一个敌意网络:人对人是危险的,敌意是对他者危险性的感知,也是因为感知这种危险性而不惜为敌的意愿。这在霍布斯那里即表达为"战斗意图"。更进一步说,自然状态之为特殊的战争状态,是由于它是一个在其中敌意能够被当作公开的行动理由的状态:

这种战争是每一个人对每个人的战争。因为战争不仅存在

---

① 霍布斯从现实人的行为方式中举出自然状态的例证,这正说明在他的文明状态中,敌意是持续存在着的。这一点同下文所论敌意的转化并不矛盾。

② 参见[法]福柯:《必须保卫社会》,钱翰译,上海人民出版社 1999 年版,第 82 页。

> 于战役或战斗行动之中，而且也存在于以战争进行争夺的意图普遍被人相信的一段时期之中。因此，时间的概念就要考虑到战争的性质中去，就像在考虑气候的性质时那样。因为正如同恶劣气候的性质不在于一两阵暴雨，而在于一连许多天中下雨的倾向一样，战争的性质也不在于实际的战斗，而在于整个没有和平保障的时期中人所共知的战斗意图。①

战争的性质由三个要素构成：(1)战斗意图；(2)此种意图人所共知；(3)欠缺约束战斗意图的客观保障。“战斗意图”是不惜以命相搏的意愿。不仅加害于人的邪恶图谋可以表现为战斗意图，即使在文明状态下仍属正当的自我防卫的决心也属于此种“战斗意图”。就其不惜以命相搏来说，“战斗意图”乃是敌意的最极端形式。至于第三个要素，欠缺的恰好就是结束自然状态的那个公共权力。因此，在这三个要素中，有必要特别说明的是第二个要素的含义。人所共知的战斗意图或倾向并不是说，人人彼此都确切知道另一方已经决意攻击自己，只是在等待攻击的机会。他们彼此知道的只是，任何人都知道他者的危险性或侵害的可能性，并愿意在他者把这种危险变成现实之时不惜一战来对抗之。“人所共知”其实是指一个意图彼此影响的网络：我知道他者有危险性，我还知道他者是知道我知道他有危险性的，而他者也知道我知道他知道我有危险性，如此等等。这种“意图—意图……”的网络究其实质并非一种单纯的“知”，相反，它倒是“无知”，那就是：我不知道他者下一步会如何行动，他者也不知道我下一步如何行动。这种对意图认知的不确定性（所谓人心隔肚皮说的是一个道理），是认知自身无法解决的。在它的能力范围内，它所能造成的结果是使战斗意图超出主观心理状态而成为自然状态的构成性原则。

我倾向于把“人所共知”理解为这样一种状况：在自然状态中，敌

① ［英］霍布斯：《利维坦》，黎思复、黎廷弼译，商务印书馆1985年版（2014年印刷），第95页（本文参考的英文本是 Thomas Hobbes, *Leviathan*, ed. With an introduction by C. B. Macpherson, Penguin Books, 1981）。

意是公开的行动理由。无论任何人,对他者的任何行为或表象,认定为具有敌意,就能为自己采取的任何应对措施提供正当理由。在敌意作为自然状态的构成原则,作为在这个状态中行动的公开理由的意义上,战斗意图是"人所共知"的。这同样也是自然权利的另一种表达。敌意成为公开的行动理由,是自我保全这个"绝对命令"的结果:自我保全是根本的目的,它同时包含了为达此目的而可以诉诸的一切手段。霍布斯在关于自然法的一般表述中,把这个目的及其手段表述成了法则的形式。正因为这一自然权利同时是对一切手段的权利,它天然就是对他者"不友好"的权利。换句话说,不友好乃至敌意,与"对一切手段的权利"这种自然权利互为表里。所以,敌意也是那个自私的"自我"所投射的人类形象。在这个意义上我们可以说,敌人乃是我的自我形象的问题。[1] 关于此种以敌意为公开行动理由的近似实例,英国人的外交名言"没有永远的朋友,只有永远的利益"可为一例。

与这种提升到原则的敌意相对,自然状态下的善意属于单纯的主观愿望。霍布斯所举的19条自然法,可以看作对何为善意的界定。作为和平生活的条件,自然法也是善意的表达方式。所以当霍布斯说自然法只对内心有约束力的时候,[2]他也告诉人们,在自然状态下善意无法作为实际的行为准则。如果把这种可悲的境况同文明状态作比较,敌意在自然状态下的原则地位就很容易理解了。霍布斯探讨了一个问题:究竟有没有正义,哪怕是在他所界定的"有约必守"的意义上来理解的正义。因为从自私自利的自然人的角度出发,如果遇到违约对自己更有利的情形,那么继续遵守契约将是不理性的。这正是自然状态的情形;问题是,它是否能够扩展到文明状态。霍布斯的回答是否定的。霍布斯的反驳很容易被理解成一种特殊的功利主义,就是以长远利益来克服眼前利益。但霍布斯的反驳并不是从这个角度进行的。他的论证的要害简单明了:在建成文明状态时,诸如欺诈、声明凡

---

① 参见[德]卡尔·施米特:《牢房的智慧》,载卡尔·施米特:《论断与概念》,朱雁冰译,上海人民出版社2006年版,第368页。

② 参见[英]霍布斯:《利维坦》,第121页。

于己不利的契约即不遵守等做法已经不可能再被当作公开的行动原则。他在反驳起义或叛乱的时候，给出了类似的论证：叛乱即使可能成功，它也不可能成为文明社会可公开主张的行动原则。正是成功的叛乱者自己不可能再去宣称他的臣民会有叛乱的权利。① 因为在两种情形之下，纯粹的自我利益或强权诉求，都等于在文明状态中把引起敌意的、瓦解信赖的行为方式提升为行动的公开理由。

自然状态与文明状态正好是一对镜像：在后者是以善意为公共的原则，而敌意仅有私人的意义；在前者则以敌意为公开的理由，善意仅仅是私人的和一厢情愿的。需要补充的是：善意在自然状态下是一厢情愿，而敌意在任何情形之下都不是一厢情愿。敌意总是水桶上最短的那块板。所以，文明状态具有“反事实”的性质。这正是文明状态之为人为状态的含义所在。在霍布斯的理论中，敌意是文明的土壤，而善意是文明的果实。②

三、政治社会与犯罪意图

造成自然状态与文明状态这个结构颠转的因素是共同的最高权力，即主权。由于有了主权者，自然法才获得了力量（force），③得以实现。因此，主权者成全那界定了善意的自然法，从而也就是成全了善意。对此，该如何理解呢？

虽然霍布斯把契约机制看作建立国家，也就是获得主权的一种类型，但即使在契约论的框架下，主权者的出现也是无法得到解释的，因为主权者作为相对于其臣民具有绝对优势的力量承担者，是不可能通过契约建立起来的。契约本身不能产生任何“力量”（force），它能创造的只是“权利”（right）。相反，契约需要另一种不由它产生的

---

① 参见[英]霍布斯：《利维坦》，第 110 ~ 112 页。霍布斯的这个论证同后来康德关于欺诈的论证是类似的。

② 比较康德的《永久和评论》，参见[德]康德：《历史理性批判文集》，何兆武译，商务印书馆 1990 年版(2013 年印刷)，第 100 ~ 148 页。

③ 比较[英]霍布斯：《利维坦》，第 209 页：“所有的成文法与不成文法，其权威（authority）与效力（force）都是从国家的意志中得来的，也就是从代表者的意志中得来的”。

“force”来保证其履行。自然状态之所以为自然状态,不是因为在它里面人们不能缔结契约,而是由于彼此平等的状态之下,缔结的契约仍然是一纸空文。作为强制执行契约的那个力量,主权根本就外在于自然状态的逻辑。从自然状态的理论出发,主权者其实是创世奇迹。

拥有绝对优势的主权者本身就是实力上人人平等的自然状态的反面,即实力上的等级状态。在霍布斯看来,无论是按约建立的(by institution)国家,还是以力取得的(acquisition by force)国家,主权作为权力的一切后果都是一样的。即主权在任何情形下都是同样的绝对权力。只不过有一个差别:按约建立的国家出于人人彼此之间的恐惧,也就是出于自然状态的敌意网络;而以力取得的国家则出于对征服者的恐惧。两者都是出于恐惧而服从:一者是因为彼此的恐惧而服从一个共同授权的主权者,另一者则是出于对征服者的恐惧而服从他。[①] 这个对比是有疑问的。仿佛在按约建立的国家中,臣民对主权不存在恐惧似的。其实不然。照霍布斯的逻辑,自然状态下彼此恐惧的自然人订立社会契约,这份社会契约之所以因为主权者而变得有效力(force),不是因为主权者让他们变成了行事正直的圣徒,而是因为违反这份契约,就会招致惩罚。所以,即使是按约建立的国家,也是使自然状态下人与人彼此的恐惧为对主权者暴力的恐惧所吸收。[②] 如果以这样的方式来看问题,那么霍布斯区分的两种建立国家的方式之间,差别就更小了。[③]

---

① 参见[英]霍布斯:《利维坦》,第153页。

② 参见[美]列奥·施特劳斯:《霍布斯的政治哲学》,申彤译,译林出版社2012年版,第81页。当然,施特劳斯在这里说对主权者的恐惧是“可计量的、有限度的、可以避免的”,这显然突出了霍布斯理论中自由主义的一个面相;但这样就忽略了主权者权力本应当具有的那种“不可抗拒”性质(哪怕是作为一个理论上的性质)。与自然状态的相互恐惧相比,对主权者的恐惧之所以不同,首先是因为主权者这个危险源是确定的,其次是因为它与臣民相比的悬殊力量。

③ 进一步缩小这种差别的证据,可比较霍布斯的下述立场之间的“矛盾”:一方面他认为以力取得的国家,是通过征服者与被征服者的保护—服从信约来获得主权的,参见[英]霍布斯:《利维坦》,第156页;另一方面他在按约建立的国家问题上专门否定了主权者与臣民之间(无论是臣民整体还是一个个臣民)不可能存在信约,参见[英]霍布斯:《利维坦》,第134页。

一言以蔽之，对主权者的恐惧才是使自然状态得以转变的现实机制，彼此之间的恐惧则只能用来说明自然状态之不堪忍受的特性，说明结束这种状态的主观动机。动机并不直接就是转换机制，它只是使现实的转换机制能被认识、接受的契机。如果这个理解站得住脚的话，那么我们似乎就可以仓促地推论说：主权者转移了臣民们在自然状态下彼此之间的那种敌意。但我们需要区分不同的恐惧与敌意之间的关系。只有平等者（或自认为是相互平等的人）之间的恐惧才与我们说的敌意相关。所谓平等或自认为相互平等，指的是双方各自在客观上或想象中胜过对手的可能性是存在的。假如双方当中有一方对另一方的力量没有任何能够胜利地抵抗或反击的可能性，那么这个绝对弱者的恐惧就仅仅是恐惧（或许还有怨忿），而与敌意无关。对全能的上帝产生敌意的人，必定是一个事实上不信上帝的人；只有不信神的人才会认为自己有希望，哪怕是微小的希望在反上帝的战斗中取胜。① 所以，在全能上帝的信仰中，上帝的子民对他唯有恐惧，却不因此而怀有敌意；相反，他们还被要求怀有爱，就像心理学上的受虐冲动一样。主权者与臣民的关系在霍布斯那里是可以与之类比的。当霍布斯把文明状态（也就是他的政治—法律状态）中的主权构想为无限的权力时，这种类比就更有道理了。所以，这个具有无限权力的主权者以臣民对自己的恐惧转移了臣民彼此之间的恐惧，并且因此而消解了原本存在于臣民之间的敌意。敌意在主权者和臣民之间终止了，只剩下没有敌意的恐惧。②

以此方式，臣民之间原有的敌意也被转化了。在自然状态下，如果自我保全是完全合理的目的，那么人人也都具有对实现这一目的的一切手段的权利；它们是自我保全这个目的作为自然权利（right of nature，作为目的的自然权利）所产生自然权利（rights of nature，作为手

---

① 认为自己信全能的神、但又对神的作为提出异议——比如为什么好人遭罪坏人却长寿——这在霍布斯的神学观看来，本身就是否定其全能、从而也就是不信神的表现。可参考［英］霍布斯：《利维坦》，第三十一章。

② 当然，这只是一个假设。敌意并没有终止，见下文第四部分。

段的自然权利)。而通过社会契约,作为手段的自然权利被放弃了,成了主权者的特权。我们说,公开的敌意("人所共知的战斗意图")正是这种对一切手段的权利的产物。而在主权在场的情形下,臣民行使这种权利就变成了对主权权力的侵蚀①(也是对社会契约的违反,从而也就是不正义),于是,政治社会中的臣民公开主张敌意作为自己的行动理由,意味着公开主张自己作为裁断者和执行者。这样他就成了主权权力的篡夺者。所以,此时,臣民之间公开爆发的"战斗意图",便同时成了对主权的挑战,成了与主权者为敌。虽然诸如决斗②这样的"习俗"存续了很长的时间,但如今对私力救济的严格限制(正当防卫或紧急避险)反过来说明了上述逻辑的历史性力量:刑事犯罪不是被当作私人之间的侵犯行为,而是被当作对公共权力的侵害。据此,主权不是因为主权者是善意的而成为善意的成全者,而是因为臣民之间敌对行动的权利被它取走了(从霍布斯彻底的自利者观念出发,主权者把善的秩序转成了一桩自利的交易——当然反过来说也可以)。现在,如果敌对行动是作恶,那么作恶成了主权的特权。私人丧失了公开决断敌人的资格,他不再能够根据对方的危险性推论了;③他必须诉诸主权,主权则随之成了决断敌友的权力。当臣民之间不再拥有彼此敌对的权利时,以善意相待便成为人与人并存的客观原则。善意作为客观原则也表示,原来那个不确定的"意图—意图……"网络被人为阻断了——在自然状态下人与人彼此之间的行动都需要通过对对方行动可能性的判断来决定;在政治社会,主权的臣民从敌意的"相互性"中解脱出来,理论上他们是看主权者及其法律如何即可决定自己的行动——这种新的行为动机,离后来康德阐述的以法则本身为目的的道德性概念也不远了。如此一来,原来的敌意失掉了它的权利,成为纯粹的主观意图,除非它真的付诸行动。如果把这种私下的敌意付诸行

---

① 霍布斯不是简单地把针对主权者及其代表的暴力行为界定为犯罪,而是界定为敌对行为:"施加于国家代表者身上的损害不是惩罚而是敌对行为",因为惩罚乃代表者本身拥有的权力。参见[英]霍布斯:《利维坦》,第 243 页。

② 霍布斯举决斗作例子的情形,参见[英]霍布斯:《利维坦》,第 237 ~ 238 页。

③ 参见[英]霍布斯:《利维坦》,第 232 页。

动就会触犯刑律,那么它就是犯罪意图。犯罪意图自身尽管构成一种罪(sin),但却不构成犯罪(crime)。[①] 法律把这种意图悬置起来,除非付诸实行,否则予以无视。这里,敌意转化为犯罪意图的含义,就是指敌意现在成了封闭在个人内心之中的主观意愿。按其本意,它就是秘而不宣、不为人知的。照我们的看法,霍布斯自然状态中的人并无所谓孤独,他们生活在"敌意"的公共性/公开性中;所谓现代人的孤独,就其政治哲学含义来说,乃是他的敌意以及同敌意联系在一起的一切可能的猜忌(diffidence),在利维坦这个现代国家中发生了"反事实"的人为封闭。或许在这个意义上我们可以尝试来理解,精神分析何以是现代性的知识。

四、主权与敌意

敌意被主权压制在法律秩序之下,其前提却是主权超越于法律之上;因为根据霍布斯的推理,为了能够建立法律秩序,主权应当无限。不过,臣民挑战法律的敌意虽然变形为犯罪意图,主权者超法的行动却仍然被霍布斯界定为敌对行动(hostile act/act of hostility)。[②] 确实,霍布斯认为从建立国家、联合为一的目的出发,主权者必须拥有无限大的权力;社会契约的订约者必定约定了承认主权者一切行为为自己的行为的条款。所以,当主权者不受自己的法律约束,甚至作出违反自然法的行为时,臣民也无法从法律的角度提出指控。尽管如此,当霍布斯把主权者对待臣民的超法行为界定为敌对行为时,他终究维持了"法律"的一个稳固位置,那就是无论对主权者还是臣民,法律的限

---

① 参见[英]霍布斯:《利维坦》,第226~227页。

② 霍布斯列举了与主权相关的诸种敌视行为(hostile act/act of hostility),与我们的论题直接相关的情形包括:(1)"公共当局事先未经公开定罪而施加的痛苦"是敌视行为而不是惩罚,因为"据以施加惩罚的行为应当首先由公共当局加以审判确定为犯罪行为"。(2)"不是为了使罪犯服从法律或是使其他人通过罪犯的事例服从法律的目的或者没有这种可能性时,所施加的一切痛苦都不是惩罚,而是一种敌视行为"。(3)"如果惩罚在法律本身中已有明确规定,而在犯罪之后又施加以更重的惩罚,那么逾量之罚便不是惩罚而是敌视行为。"(4)"对禁令制定前所犯行为施加的损害不是惩罚而是敌视行为"。参见[英]霍布斯:《利维坦》,第242~243页。

度都是衡量其行为是否善意的标准。

照此推理，不受法律(civil law)约束的双方关系即敌对关系。犯罪意图的世界是受法律约束的，但公开宣布不服从法律的人是公敌(declared enemy/enemy of the Common-wealth)，对他的一切损害行为都是可允许的敌对行为。因为这种“公开宣布的敌意”(declared hostility)在性质上就是宣布自然状态。另外，主权者凭借其无限权力而超出法律的行为，在其极端的情形，也就是剥夺臣民自由或生活的情形，则有些特殊，它既是宣布自然状态，又不是宣布自然状态：

> ……我们要考虑的是：当我们建立一个国家时，究竟让出了哪些权利。换句话说：当我们一无例外地承认我们拥戴为主权者的那一个人或那一个议会的一切行为时(all, without exception)，自己究竟放弃了哪些自由……臣民的自由就必须或者是从这种语词及其他相等表示中去推论，或者是从建立主权的目的——臣民本身之间的和平和对共同敌人的防御——中去推论。
>
> ……
>
> 臣民对于主权者的承认包含在这样一句话中：我授权于他的一切行为或对之负责。这里面对他自己原先具有的天赋自由并没有任何限制。因为允许他杀我，并不等于说在他命令我的时候我就有义务(be bound to)要杀死自己。……①

这几段论述的核心意思有两个：第一，主权者的一切行为都是臣民承认的，包括最极端的“非法”剥夺臣民生命的行为；第二，对于这样的极端行为，臣民即使事先明确“同意”了，这种“同意”也是无效的，臣民并无服从的义务。为了建立秩序，主权者必须拥有不受法律约束的全权；而建立秩序是为了自我保全这个目的，所以理性的人就其理性来说，不可能将自我保全这个目的放弃掉，即使他表示放弃，对自己

① [英]霍布斯：《利维坦》，第168~169页。

也没有约束力。于是,目的和手段的推理在此呈现出一种奇特的悖论:为了自我保全,需要联合为一;为了联合为一,需要其代表者拥有全权;但当全权要剥夺臣民的生命时,这一全权对于臣民就不产生服从的义务。这个矛盾的链条正是"保护—服从"关系的内在困难。①

从臣民的角度说,主权者超出法律的生杀予夺等于宣布了主权者同他之间的自然状态,其杀伐就是敌对行为:法律义务解体或终结之处,便是自然状态恢复之处。但从主权者的角度说,他的一切行为都出自他的主权权力,所以他并不是宣布他欲图生杀予夺的那个臣民恢复了自然状态下的"对一切手段的权利"。相反,主权者超法行为的内在逻辑是建立在臣民无权指控他的任何作为这一基础上的。换言之:主权者倾向于将一切犯罪化,而臣民则在某一处抵抗这种犯罪化。他们相遇的地方就仿佛两个世界的临界面,这个界面在他们的这种相遇之中呈现为一个"莫比乌斯曲面"。②

其实,包括生杀予夺的权力在内的全权是自然状态下人人都有的权力,所以社会契约没有创造任何新的权力,只是由于缔约者们彼此放弃了这种权力,独独留下主权者保持这种权力。③ 所以,主权权力乃是文明状态下的自然状态特权,或者说,主权是文明社会中未被消除干净的自然状态残余。主权之所以是无限大的权力,正是由于它可以

---

① 参见[英]霍布斯:《利维坦》,第172页。

② 无论右翼还是激进左翼关于例外状态的理论,都可以在霍布斯这里找到"先例"。所谓"例外"(exception),按照阿甘本的解释,其词源意义(ex-capere)是抓住被排除在外的事物。据此,例外乃是既在内又在外的事物。See Agamben, *Means without End*, tran. by Vincenzo Binetti and Cesare Casarino, University of Minnesota Press, 2000, p. 40.

③ 在《利维坦》中,可以找到三种关于主权或统治权产生的解释。一种是同意,不论是契约意义上的同意,还是授权意义上的同意。另一种是基于"不可抗拒的力量"——上帝不是基于他创造了世界而具有统治世界之权,而是由于他是全能的,世界才归他统治。参见[英]霍布斯:《利维坦》,第279页。国家有时被类比为地上的神,国家的诞生被称为"活的上帝的诞生",而主权者就是国家这一统一人格的承担者(代表者),所以这一统治权理论一定程度上也影射到人世的主权者身上,只不过有死的人作为主权者事实上并不是全能的。按照霍布斯,主权者"应当"全能,也就是在法律意义上是全能的。所以我们已经提到的那个观点——对主权者的恐惧转移了臣民彼此的恐惧,并因其绝对优势而使这种恐惧不产生敌意——其实是一个需要人为实现的假设。第三种解释出现在他关于"惩罚"的说明中。根据这种解释,惩罚权"并不是赋予他,而是留下给他"。参见[英]霍布斯:《利维坦》,第241页。

为了他认定的“必需”(necessity)而诉诸一切手段,这和自然状态下每一个人的情形并没有什么不同。

除非主权者愿意,[①]否则主权者与臣民之间的关系不是法律关系。即使主权者愿意,由于这个问题仅取决于主权者愿意与否,双方之间终究还是不存在“法律”。霍布斯当然明确地意识到主权者的身份是双重的:一个是他或他们的自然人格(natural person),另一个是由他或他们承当的国家的政治人格(politique person)。[②] 他更是明确地认识到这两个人格必定会冲突。但是他认为这是任何政体类型都有的问题,从而是造物世界不可根除的缺陷。所以,他否认主权者的自然人格同臣民之间关系法律化的可能性。由此,主权者同臣民的关系成了不可界定的关系:它既是契约关系(以力取得主权的情形),又不是契约关系(按约建立的国家,虽然其主权没什么不同,但主权者不是契约方);[③]它授权一切,又有所保留。究其原因,就在于主权权力的临界性质也把臣民置于临界位置。

根据主权作为全权的观念就可以推得,在主权者和臣民之间,不

---

① 参见[英]霍布斯:《利维坦》,第171页。

② 关于两重人格,参见[英]霍布斯:《利维坦》,第187页。

③ 霍布斯在讨论按约建立的国家时考虑了契约关系的可能性并予以驳斥。为此,霍布斯设想了两种可能:主权者同臣民全体订约,或者主权者分别与单个臣民订约。他说前者是不可能的,因为恰好是主权者承担了臣民全体的共同人格,把臣民联合为一。在主权者出现之前,不存在臣民构成的统一人格,于是主权者不可能与另一个尚不存在的臣民全体的人格订约(而自己与自己订约同样是荒谬的)。至于后者,霍布斯认为,即使可以设想主权者与各个臣民分别订立了一系列契约,在主权者成为主权者之时,这些契约也就是成了一纸空文。原因在于:在这样的所谓契约中,主权者的任何行为都不可能违反契约,那么这样的契约还算契约么?而之所以主权者的任何行为都不可能违反这种假想的“契约”,是因为如果它是契约,那么,当关于是否违约的争议产生时,由于在主权者和臣民之外不存在另一个法官(如果存在,那么这另一个法官才是真正的主权者了),所以对于争议,就只能付诸刀剑,而这种自然状态才有的问题解决方式,本身就与建立政治秩序这件事情的本意相违背。中译本有个别错译,需参英文本第230~231页。所以,在霍布斯这个契约论者看来,主权者和臣民之间的关系是不可能以契约的方式来思考的。例外的是,他把通过征服取得主权的情形当作是在征服者与被征服者之间订立了“保护—服从”契约。但是按照我们刚刚提及的推理,即使有这样的信约关系,它也不过一纸空文。因为无论以何种方式取得的主权,主权作为主权都是同样的权力,所以,我们又如何看得出,这种信约的处境会跟霍布斯假设的主权者与臣民分别订立的契约不同?

再有另一个人间的裁断者,否则那个另外的裁断者才是真正的主权者。臣民彼此间的争议有主权者及其代表的裁断和强制来保障,主权者与臣民之间的关系则没有这种保障。自然法约束主权者,诚然只是良心上的约束;但对于臣民来说,这一点也是同样真切的:主权权力之应当无限的理由,根本上“不能靠任何世俗法或刑罚之威来加以维持”。① 以“禁止叛乱”的禁令为例。叛乱的爆发本身就是法律禁令失效的表现,因为叛乱的目的不是违法而能逃脱制裁,而是根本地根除这种制裁可能性。这同普通刑事犯罪构成鲜明的对比:普通刑事犯罪的每一次爆发都不是法律禁令失效的表现,而是启动法律的条件,它的目的也在于违法而能逃脱制裁。(我们甚至可以说,普通刑事禁令必须假设它自己必定会被违反,否则它就没有必要。而对于叛乱,法律秩序顶多能假设它可能发生,但最好不要发生)所以,在霍布斯看来,“禁止叛乱”的约束力只是维系于自然法(第三条自然法:信约必守),不会因为主权者重复这个禁令而增加多一重力量的保障。

也就是说,主权者与臣民之间的关系之所以难以界定,根本的原因在于,它是在缺乏保障的情况下靠双方彼此不确定的意图来界定的。毕竟,人间的主权者,除了法律拟制的无限性之外,实际上并不拥有可与上帝相类比的“不可抗拒的力量”。所以主权者的暴力自身并不能单独把双方的关系维持在他想要的层面上。与上帝不同,人间的最大权势(power)在于“自愿联合”。② 而主权者,哪怕是一个君主,也仅仅是联合的人造之物——就其自然人格来说,他同他的臣民毫无二致。当臣民认为自己有足够的力量时,他们就会“力图以敌对行为来规避”惩罚。③

至此,我们似乎达到了一个彻底现实主义的位置:在主权者与臣民之间归根结底就是成王败寇、互为仇雠的逻辑。但这是被霍布斯否

① 参见[英]霍布斯:《利维坦》,第 261 页。

② [英]霍布斯:《利维坦》,第 63 页。

③ [英]霍布斯:《利维坦》,第 262 页。

定的。[①] 这样的逻辑属于自然状态,同建立国家的目的本身相冲突。那么为了抵御自然状态,防止敌意爆发,把拥有无限权力的主权者与其臣民的关系定向为文明状态下的关系,还能诉诸何种方法?

> 我曾听到人家说,正义不过是一句空话,没有实际内容。凡是一个人可以用武力或行动取得的东西(不论是在战争状况中,或是在一个国家中),都是属于他的,这一点我已经证明是错误的。正像这种说法一样,有人也认为,那些使主权具有绝对性的基本权利是既没有根据,也没有理性原则加以支持的。……在这个问题上,他们的论点是很糟的……在人类开始建立不完善和容易回到混乱状况的国家以后很久,才可能通过勤勉的思考发现出使国家的结构除开受外在暴力的作用以外永远存在的理性原理。这就是我在本书中所提出的那些理性原理。……即使我这些原理不是理性原理,我也确信它们是根据圣经的权威而得来的原理。……[②]
>
> 我这本书终有一天会落到一个主权者手里……他便会亲自加以研究;同时他也会运用全部权力来保护此书的公开讲授,从而把这一思维的真理化为实践的功用。[③]

霍布斯确信无限主权其实是每个人的理性所应认识到的真理。主权者与臣民之间敌意的约束,终究需要靠这种理性的科学意见来提供支持,它告诉人们,主权者有权对他们作出敌对或敌视行为,但他们不应为此心怀怨愤,因为他们无权指控这种行为是不义。

五、附论:敌意的政治神学

《利维坦》看来彻底贯彻了理性的,也就是自利的人的逻辑。从结

---

① 参见前文关于“正义”问题的引述。
② [英]霍布斯:《利维坦》,第262页。
③ [英]霍布斯:《利维坦》,第289页。

成国家、创造秩序以自我防卫的目的看,主权者拥有无限的权力是达成此目标的必然手段;从人自我防卫、保全生命的目的看,面对主权者拥有的无限权力时,臣民逃避死亡、监狱、镣铐也是合乎理性的做法。但是,这套理性主义的效果,是剥夺了无辜臣民在国家这个公共领域内的话语能力。在法律的范围之内,臣民遭受侵害,他拥有法律的语言;但对于超法的主权者的敌对行为,他则丧失了任何一种公共语言资格。照霍布斯的人性论,区别人兽的特征之一在于人有语言,[①]在国家生活中欠缺公共语言的人,因此就是在国家中丧失存在的非人。留给他的,并且符合这种沉默特征的道路,似乎只有两条:自然状态(成为兽类),或者信仰(成为圣徒)。所以,对于恶劣的统治者的叛乱,不是被理解为反抗权,而是被理解为上帝的"自然惩罚",[②]就此而言这类自然状态中才有的行为,是兽类的行为。

对于后一种"选择",从《利维坦》作为一部寻求和平的著作的角度看,在沉默中通往上帝之道的神学内在于它的政治理论之中,而不仅仅是理性主义者狡猾的论述策略。霍布斯把臣民彼此相待的人伦德性理解为摩西十诫中的第五至十诫,并把它们概括成"爱邻如爱己";把对待主权者的道理理解为前四诫,并把它们概括为"爱上帝"。[③] 表面上,十诫是绝对命令,而霍布斯的臣民相待之道是有条件的,这些条件表现为自然法表述中的假言形式:只有当其他人也同样以和平之道相待时,我才以和平之道相待。但这个区别首先因为主权者的出现而解除了臣民之间互为条件的假言形式,转化为以主权者为条件的假言形式,从而变成了"爱主权者"同"爱上帝"之间的区别问题。[④] 一个凡人,或一些凡人组成的会议,究竟凭借什么,能够被认为是上帝在世上的代表呢?毕竟,就"利维坦"的多重意象来说,它有时

---

① 参见[英]霍布斯:《利维坦》,第26页。
② [英]霍布斯:《利维坦》,第288页。
③ [英]霍布斯:《利维坦》,第267页。
④ 所谓爱,在这里就意味着服从,参见[英]霍布斯:《利维坦》,第476页。

就是魔鬼的别称。[①] 撒旦如何在霍布斯这里也能够被当作上帝来爱？

这个问题作为人的问题，是以下这个极端困难的问题的另一种提法：为什么恶人往往得福而好人反倒遭祸？[②] 这里，我不打算继续追踪《利维坦》的隐秘线索，权且仓促地为这一可能的探索下一断语：对于霍布斯来说，没有上帝，即无公道可言。

---

① ［德］施米特：《霍布斯国家学说中的利维坦》，应星、朱雁冰译，华东师范大学出版社 2008 年版，第 43 页。

② ［英］霍布斯：《利维坦》，第 279 页。

参考文献

一、著作

1. 中文著作及译著

[美]汉娜·阿伦特:《论革命》,陈周旺译,译林出版社 2007 年版。

[法]雷蒙·阿隆:《论自由》,姜志辉译,世纪出版集团 2007 年版。

[英]约翰·奥斯丁:《法理学的范围》,刘星译,中国法制出版社 2002 年版。

[美]R. M. 昂格尔:《现代社会中的法律》,吴玉章、周汉华译,译林出版社 2001 年版。

[俄]巴枯宁:《上帝与国家》,朴英译,华东师范大学出版社 2005 年版。

[英]边沁:《政府片论》,沈叔平等译,商务印书馆 1995 年版。

[英]边沁:《道德与立法原理导论》,时殷宏译,商务印书馆 2000 年版。

[英]边沁:《立法理论》,李贵方等译,中国人民公安大学出版社 2004 年版。

[美]艾伦·布鲁姆:《美国精神的封闭》,战旭英译,译林出版社 2007 年版。

[美]罗纳得·德沃金:《认真对待权利》,信春鹰、吴玉章译,中国大百科全书出版社1998年版。

[美]德沃金:《法律帝国》,李常青译,中国大百科全书出版社1996年版。

[法]笛卡尔:《第一哲学沉思集》,庞景仁译,商务印书馆1986年版。

[法]福柯:《必须保卫社会》,钱翰译,上海人民出版社1999年版。

[美]富勒:《法律的道德性》,郑戈译,商务印书馆2005年版。

[日]沟口雄三:《中国的公与私·公私》,郑静译,生活·读书·新知三联书店2011年版。

[德]哈贝马斯:《公共领域的结构转型》,曹卫东等译,学林出版社1999年版。

[德]于尔根·哈贝马斯:《合法化危机》,刘北成、曹卫东译,上海人民出版社2000年版。

[德]于尔根·哈贝马斯:《交往行为理论》(第1卷),曹卫东译,上海人民出版社2004年版。

[德]哈贝马斯:《在事实与规范之间:关于法律和民主法治国的商谈理论》,童世骏译,生活·读书·新知三联书店2003年版。

[英]弗里德里希·冯·哈耶克:《自由秩序原理》,邓正来译,生活·读书·新知三联书店1997年版。

[英]哈特:《法律的概念》,张文显等译,中国大百科全书出版社1996年版。

[德]奥特弗利德·赫费:《政治的正义性》,庞学铨、李张林译,上海译文出版社1998年版。

[德]黑格尔:《法哲学原理》,范扬、张企泰译,商务印书馆1961年版。

[美]基恩·E.惠廷顿:《宪法解释:文本含义、原初意图与司法审查》,杜强强等译,中国人民大学出版社2006年版。

[英]霍布斯《利维坦》，黎思复、黎廷弼译，商务印书馆 1985 年版。

[英]霍布斯：《论公民》，应星、冯克利译，贵州人民出版社 2003 年版。

[英]霍布斯：《哲学家与英格兰法律家的对话》，姚中秋译，上海三联书店 2006 年版。

[美]爱德华·S. 考文：《美国宪法的"高级法"背景》，强世功译，生活·读书·新知三联书店 1996 年版。

[奥]凯尔森：《布尔什维主义的政治理论——一个批判的分析》，吴恩裕译，商务印书馆 1962 年版。

[美]凯尔森：《国际法原理》，王铁崖译，华夏出版社 1989 年版。

[奥]凯尔森：《法与国家的一般理论》，沈宗灵译，中国大百科全书出版社 1996 年版。

[奥]凯尔森：《共产主义的法律理论》，王名扬译，中国法制出版社 2004 年版。

[德]康德：《法的形而上学原理——权利的科学》，沈叔平译，林荣远校，商务印书馆 2001 年版。

[德]康德：《实践理性批判》，邓晓芒译，杨祖陶校，人民出版社 2003 年版。

[丹麦]克尔凯郭尔：《论怀疑者》，陆兴华、翁绍军译，世纪出版集团 2006 年版。

[德]格尔德·克莱因海尔、扬·施罗德：《九百年来德意志及欧洲法学家》，许兰译，法律出版社 2005 年版。

[德]拉德布鲁赫：《法哲学》，王朴译，法律出版社 2003 年版。

[德]卡尔·拉伦茨：《法学方法论》，陈爱娥译，商务印书馆 2003 年版。

[英]约瑟夫·拉兹：《法律的权威》，朱峰译，法律出版社 2005 年版。

雷磊：《再访拉德布鲁赫公式》，载雷磊编：《拉德布鲁赫公式》，中国政法大学出版社 2015 年版。

[法]卢梭:《社会契约论》,何兆武译,商务印书馆 1980 年版。

[美]罗尔斯:《正义论》,何怀宏等译,中国社会科学出版社 1988 年版。

[美]罗尔斯:《政治自由主义》,万俊人译,译林出版社 2000 年版。

[英]洛克:《政府论下篇——论政府的真正起源、范围和目的》,叶启芳、瞿菊农译,商务印书馆 1964 年版。

[美]约翰·麦考米克:《施米特对自由主义的批判》,徐志跃译,华夏出版社 2005 年版。

[英]麦考密克、(奥)魏因贝格尔:《制度法论》,周叶谦译,中国政法大学出版社 1994 年版。

[法]约瑟夫·德·迈斯特:《论法国》,鲁仁译,上海人民出版社 2005 年版。

[英]梅因:《古代法》,沈景一译,商务印书馆 1959 年版。

[美]哈维·C. 曼斯菲尔德:《驯化君主》,冯克利译,译林出版社 2005 年版。

[德]扬-维尔纳·米勒《危险的心灵:战后欧洲思潮中的卡尔·施米特》,张龚、邓晓菁译,新星出版社 2006 年版。

[英]韦恩·莫里森:《法理学:从古希腊到后现代》,李桂林等译,武汉大学出版社 2003 年版。

[美]丹尼斯·M. 帕特森:《法律与真理》,陈锐译,中国法制出版社 2007 年版。

[美]希拉里·普特南:《事实与价值二分法的崩溃》,应奇译,东方出版社 2006 年版。

[德]弗里德里希·卡尔·冯·萨维尼:《论立法与法学的当代使命》,许章润译,中国法制出版社 2001 年版。

[德]施米特:《政治的概念》,刘宗坤等译,上海人民出版社 2004 年版。

[德]施米特:《政治的浪漫派》,冯克利、刘锋译,上海人民出版社2004年版。

[德]施米特:《宪法学说》,刘锋译,上海人民出版社2005年版。

[德]施米特:《霍布斯国家学说中的利维坦》,应星、朱雁冰译,华东师范大学出版社2008年版。

[美]列奥·施特劳斯:《霍布斯的政治哲学》,申彤译,译林出版社2012年版。

[荷]斯宾诺莎:《知性改进论》,贺麟译,商务印书馆1960年版。

[英]昆廷·斯金纳:《自由主义之前的自由》,李宏图译,上海三联书店2003年版。

[美]西尔维亚·斯诺维斯:《司法审查与宪法》,谌洪果译,北京大学出版社2005年版。

王名扬:《英国行政法》,中国政法大学出版社1987年版。

王名扬:《法国行政法》,中国政法大学出版社1988年版。

[德]韦伯:《社会学的基本概念》(韦伯作品集Ⅷ),顾中华译,广西师范大学出版社2005年版。

[德]韦伯:《以政治为业》,载[德]韦伯:《韦伯政治著作选》,阎克文译,东方出版社2009年版。

[英]休谟:《人性论》(上册),关文运译,郑之骧校,商务印书馆1980年版。

张君劢:《国宪议》,作者自刊,1922年版。

张君劢:《中华民国民主宪法十讲》,商务印书馆1947年版。

2. 英文著作

Agamben, *Means without End*, translated by Vincenzo Binetti and Cesare Casarino, University of Minnesota Press, 2000.

Brian Bix, *Jurisprudence: Theory and Context*, London: Sweet & Maxwell, 1996.

Guido Calabresi, *A Common Law for the Age of Statutes*, Harvard University Press, 1982.

Kant, *The Metaphysics of Morals*, translated and edited by Mary Gregor, Cambridge Press, 1996.

Kelsen, *Pure Theory of Law*, translated by Max Knight, Berkeley, Los Angeles, London: University of California Press, 1978.

Kelsen, *Introduction to the Problems of Legal Theory*, translated by Bonnie Litschewski Paulson and Stanley L. Paulson, Oxford: Clarendon Press, 1992.

Julius Stone, *Legal System and Lawyer's Reasonings*, Stanford, California: Stanford University Press, 1964.

二、论文

1. 中文论文及译文

[法]阿尔都塞:《论"社会契约"(错位种种)》,陈越、赵文译,载陈越编:《哲学与政治:阿尔都塞读本》,吉林人民出版社2003年版。

[德]罗伯特·阿列克西:《为拉德布鲁赫公式辩护》,林海译,载雷磊编:《拉德布鲁赫公式》,中国政法大学出版社2015年版。

[英]哈特:《凯尔森之会》,载[英]哈特:《法理学与法哲学论文集》,支振锋译,法律出版社2005年版。

[德]马丁·海德格尔:《科学与沉思》,载[德]马丁·海德格尔:《演讲与论文集》,孙周兴译,生活·读书·新知三联书店2005年版。

[美]霍斯、弗洛斯特:《普遍均质国家的可倡导性》,徐志跃译,载[法]科耶夫等:《驯服欲望——施特劳斯笔下的色诺芬撰述》,贺志刚等译,华夏出版社2002年版。

[英]安东尼·吉登斯:《没有革命的理性?——答哈贝马斯的交往行动理论》,载[英]安东尼·吉登斯:《社会理论与现代社会学》,文军、赵勇译,社会科学文献出版社2003年版。

[德]康德:《答复这个问题:"什么是启蒙运动?"》,载[德]康德:《历史理性批判文集》,何兆武译,商务印书馆1990年版。

[德]康德:《永久和平论》,载[德]康德:《历史理性批判文集》,

何兆武译,商务印书馆 1990 年版。

[奥]凯尔森:《上帝与国家》,林国荣译,田立年校,载刘小枫选编:《施米特与政治法学》,上海三联书店 2002 年版。

[奥]凯尔森:《纯粹法学与分析法学》,张书友译,载 http://www.fatianxia.com/paper_list.asp? id = 2888。

[奥]凯尔森:《立法的司法审查》,张千帆译,载 http://www.zisi.net/htm/wwzh/2005-04-06-14901.htm。

[德]拉德布鲁赫:《五分钟法哲学》,载[德]拉德布鲁赫:《法律智慧警句集》,舒国滢译,中国法制出版社 2001 年版。

[德]拉德布鲁赫:《法律的不法与超法律的法》,舒国滢译,载雷磊编:《拉德布鲁赫公式》,中国政法大学出版社 2015 年版。

[美]弗兰克·米歇尔曼:《法律共和国》,杨立峰、应奇译,载应奇、刘训练编:《公民共和主义》,东方出版社 2006 年版。

[美]弗兰克·米歇尔曼:《宪法解释的分歧问题:"适用商谈"于事有补吗》,应奇译,包利民校,载应奇、刘训练编:《公民共和主义》,东方出版社 2006 年版。

[德]施米特:《价值的僭政》,朱雁冰译,载王晓明、杨熙楠主编:《现代性与末世论》,广西师范大学出版社 2006 年版。

[德]施米特:《牢房的智慧》,载[德]施米特:《论断与概念》,朱雁冰译,上海人民出版社 2006 年版。

许小亮:《纯粹理性的法律构造——〈纯粹理性批判〉的法哲学意蕴》,载《学术月刊》2016 年第 7 期。

许章润:《法的概念:规则及其意义—梁漱溟法律思想研究之一》,载许章润:《说法 活法 立法:关于法律之为人世生活方式及其意义》(增订版),清华大学出版社 2004 年版。

许章润:《"司法权威":一种最低限度的现实主义进路》,载 http://www.law.tsinghua.edu.cn/lawtsinghua/ReadNews.asp? NewsID = 2417。

许章润:《法律信仰与民族国家》,载许章润等:《法律信仰——中国语境及其意义》,清华大学出版社 2003 年版。

[日]足立英彦:《拉德布鲁赫公式——参与者视角抑或观察者视角》,载雷磊编:《拉德布鲁赫公式》,中国政法大学出版社2015年版。

2. 英文论文

David Dyzenhaus, "The Pure Theory in Practice: Kelsen's Science of Law", *Legality and Legitimacy: Carl Schmitt, Hans Kelsen and Herman Heller in Weimar*, Oxford: Clarendon Press, 1997.

Michel Foucault, "What Is Enlightenment?", *The Foucault Reader*, ed. by Paul Rabinow, Vintage Books, 2010.

Leslie Green, "Legal Positivism", *Stanford Encyclopedia Philosophy*, http://Plato. stanford. edu/legal – positivism.

P. M. S. Hacker, "Hart's Philosophy of Law", P. M. S. Hacker & J. Raz (eds), *Law, Mprality and Society: Essays in Honour of H. L. A. Hart*, Oxford: Clarendon Press, 1977 (reprinted in 1979).

Kelsen, "On the Basic Norm", *California Law Review*, Vol. 47 (1959).

Neil MacCormick, "The Concept of Law and the Concept of Law", Robert P. George (ed.), *The Autonomy of Law: Essays on Legal Positivism*, Oxford: Clarendon Press, 1996.

Mark Murphy, "Was Hobbes a Legal Positivist?", Claire Finkelstein (ed.), *Hobbes on Law*, Trowbridge: The Cromwell Press, 2005.

GustavRadbruch, "Statutory Lawlessness and Supre – Statutory Law", translated by B. Paulson and S. Paulson, *Oxford Journal of Journal of Legal Studies*, Vol. 26, 2006(1).

Julius Stone, "Mystery and Mystique in the Basic Norm", *The Modern Law Review*, Vol. 26 (1963).

后　记

如果不是因为这次出版的缘故，我或许不会动念把这篇旧作翻出来，从头到尾地读一遍。也许它真的应该“留给老鼠的牙齿去批判”。但是读过之后，那种事后对自己少时习作的厌恶感却减轻了几分。不仅如此，它反过来倒成了对自己的当下状态进行反思甚至批判的一个契机。十几年前写作时的耐心与沉静，与眼前的急切与焦躁相比，断然相别，直如天壤。这中间并没有生计的逼迫，因为生计虽说有些局促，却也从来如此，波澜不惊。但急切与焦躁的心绪的确是这段间隔的时间累积起来的。它来自某种生存论的层面，与历史有关。它就好比青年黑格尔左派穿越19世纪40年代，也就是威廉四世时代的德国的经历。

不过，这个后来的经验，也使我能够澄清自己问题意识的来源。那时，这个来源还是无意识地在牵引着自己。以一种后见之明的眼光来看，我对基础规范学说的反思，出于双重反抗的冲动。一方面，是对化约论的不满。化约论是起始点。我们的青春期是在化约论中度过的，其结果则是一部分人完成了功利的启蒙，一部分人报以厌恶或冷漠，还有一部分人带着不满继续漫游。随后，学科的自律逻辑、各个领域的自律逻辑，吸引了这样那样的叛逆者们。某种程度上说，没有这种学科与领域的自律，没有某种客观的观念世界的存在，讲道理这件事，就是不可能的。但是另一方面，封闭的自律、各领域的分化，又是二律背反的根源。在基础规范学说中，我便遇到了这样难以接受的结果。基础规范学说能解释一切法律现象,但它的代价却很大。我在论文中尝试揭示了这个代价:把基础规范的论说推到极致,它就会变成没有任何自律可言的"说辞",自律和他律的区别消失了。论文中随处可见卡尔·施米特的影响。他为我提供了解除魔咒的可能工具。但我没有想过要系统地研究他,因为我也不愿意受到他的约束。实际上,我对施米特的兴趣,在那时也是由这场与凯尔森魔咒的搏斗建构起来的。不过严格说来,所有这一切都不是出于要解决什么"学术"问题的目的。我只是想要解释自己的疑问。

小书本身并无特别的价值。它的第一部分内容是我的硕士论文。论文完成后,曾作为"法学时评网创办四周年庆贺酒会"的一个环节,同诸多师友进行了讨论。那时导师许章润教授还是《清华法学》的主编,龙卫球教授还是著名的"军都夫子"。讨论的环节由王旭主持,泮伟江和任华敏作评议。一起参加讨论的小伙伴还有翟志勇、田夫、梁笑准、雷小政、朱虎、陈夏红、陈宝成、柳承旭、涂建刚等。讨论会上大家讲了些什么,我已经记不清了。例如,我记得杨玉圣教授不客气地讲了一些意见,但他究竟讲了些什么,我就完全没有印象了。留下的唯一深刻印象是他没有说服我。有时候我怀疑,讨论会真的是王旭主持的?难道讨论会不是在会饮之后才进行的么?王旭不是已经喝醉了么?

小书的出版一波三折。在此,谨向法律出版社的王政君先生、对他长时间的辛劳与审慎,表示感谢;向责任编辑高山先生、对他一贯的专业与耐心,表示感谢。还要特别感谢法律出版社的张雪纯先生。他在出版过程中给了我极为重大的帮助,解决了程序上的诸多困难。法律出版社的袁方女士也在不同阶段对小书的出版给予了关照。我和商务印书馆的白中林先生似乎素未谋面;或许曾有过一面之缘,只是我记不起来了。但在小书三审期间,他却仗义相助,真豪侠气概也!还有诸多师友的关心都值得感念,这里尤其要提及于向东先生和刘擎教授。当然,如果没有我的老师许章润教授的支持,没有师兄翟志勇先生的操持,也就不会有这本小册子的面世。

最后,我想把这本小书献给许章润教授。它是我在历史和法学之间自由运动的起点,是和许师再次相遇的起点。

周林刚

图书在版编目(CIP)数据

基础规范的基础：凯尔森基础规范学说批判／周林刚著. --北京：法律出版社，2019
ISBN 978-7-5197-4048-1

Ⅰ. ①基… Ⅱ. ①周… Ⅲ. ①法学-研究 Ⅳ. ①D90

中国版本图书馆CIP数据核字(2019)第245911号

基础规范的基础
——凯尔森基础规范学说批判
JICHU GUIFAN DE JICHU
—KAIERSEN JICHU GUIFAN XUESHUO PIPAN

周林刚 著

策划编辑 高 山
责任编辑 高 山 邓颖君
装帧设计 鲁 娟

出版 法律出版社
总发行 中国法律图书有限公司
经销 新华书店
印刷 中煤(北京)印务有限公司
责任校对 杨锦华
责任印制 陶 松

编辑统筹 学术·对外出版分社
开本 710毫米×1000毫米 1/16
印张 12
字数 173千
版本 2019年10月第1版
印次 2019年10月第1次印刷

法律出版社／北京市丰台区莲花池西里7号(100073)
网址／www.lawpress.com.cn
投稿邮箱／info@lawpress.com.cn
举报维权邮箱／jbwq@lawpress.com.cn
销售热线／400-660-8393
咨询电话／010-63939796

中国法律图书有限公司／北京市丰台区莲花池西里7号(100073)
全国各地中法图分、子公司销售电话：
统一销售客服／400-660-8393/6393
第一法律书店／010-83938432/8433
西安分公司／029-85330678
重庆分公司／023-67453036
上海分公司／021-62071639/1636
深圳分公司／0755-83072995

书号：ISBN 978-7-5197-4048-1
定价：59.00元